EERSTE EDITIE - Gepubliceerd in 2022

Extra grafisch materiaal van: www.freepik.com
Dank aan: Alekksall, Starline, Pch.vector, Rawpixel.com, Vectorpocket, Dgim-studio, Upklyak, Macrovector, Stockgiu, Pikisuperstar & Freepik.com Designers

Ontdek gratis online spelletjes

Hier verkrijgbaar:

BestActivityBooks.com/FREEGAMES

5 TIPS OM TE BEGINNEN!

1) HOE OP TE LOSSEN

De Puzzels zijn in een Klassiek Formaat:

- Woorden worden verborgen zonder pauzes (geen spaties, streepjes, ...)
- Oriëntatie: Voorwaarts & Achterwaarts, Boven & Beneden of in Diagonaal (kan in beide richtingen)
- Woorden kunnen elkaar overlappen of kruisen

2) ACTIEF LEREN

Naast elk woord is een spatie voorzien om de vertaling te noteren. Om actief te leren vindt u een **WOORDENBOEK** aan het einde van deze editie om uw kennis te controleren en uit te breiden. U kunt elke vertaling opzoeken en opschrijven, de woorden in de puzzel vinden en ze vervolgens aan uw woordenschat toevoegen!

3) TAG JE WOORDEN

Hebt u al geprobeerd een labelsysteem te gebruiken? U zou bijvoorbeeld de woorden die moeilijk te vinden waren kunnen markeren met een kruis, de woorden die u leuk vond met een ster, nieuwe woorden met een driehoek, zeldzame woorden met een ruit enzovoort...

4) ORGANISEER UW LEREN

Wij bieden ook een handig **NOTITIEBOEKJE** aan het eind van deze uitgave. Of u nu op vakantie, op reis of thuis bent, u kunt uw nieuwe kennis gemakkelijk ordenen zonder dat u een tweede notitieboek nodig hebt!

5) AFGESLOTEN?

Ga naar de bonussectie: **FINAAL UITDAGING** om een gratis spel te vinden dat aan het einde van deze editie wordt aangeboden!

Wil je meer leuke en leerzame activiteiten? Het is Snel en Eenvoudig! Een hele collectie spelboeken slechts **één klik verwijderd!**

Vind uw volgende uitdaging bij:

BestActivityBooks.com/MijnVolgendeBoek

Klaar... Start!

Wist u dat er zo'n 7000 verschillende talen in de wereld zijn? Woorden zijn kostbaar.

We houden van talen en hebben hard gewerkt om de boeken van de hoogste kwaliteit voor u te maken. Onze ingrediënten?

Een selectie van onmisbare leerthema's, drie grote plakken plezier, dan voegen we er een lepel moeilijke woorden en een snuifje zeldzame woorden aan toe. We serveren ze met zorg en een maximum aan verrukking, zodat je de beste woordspelletjes kunt oplossen en veel plezier beleeft aan het leren!

Uw feedback is essentieel. U kunt een actieve bijdrage leveren aan het succes van dit boek door een recensie achter te laten. Vertel ons wat u het meest beviel in deze editie!

Hier is een korte link die u naar uw bestelpagina brengt:

BestBooksActivity.com/Recensies50

Bedankt voor uw hulp en veel plezier met het spel!

Linguas Classics

1 - Metingen

```
K U K G Q P L E V E Y S O S
I D I W M M I T T A R I I P
L Z L S E N T T I M E T R I
O M O Y G D R U U C L S D A
G F M V R E A U U M Y T I
R O E Y A S J M T C S D I J
A F T Y M I T A O U S R L F
M E R S M M A S N E K K A S
M A I Y A A V T N K D O V U
A F S F M A U E I T M R U P
C L I S I L B N Q N F K U V
C M F P A I N O B J M E S S
M I N U U T T I L J I U D J
U N S S I N Q O F I T S G J
```

LEVEYS

TAVU

SENTTIMETRI

DESIMAALI

SYVYYS

PAINO

ASTE

GRAMMA

KORKEUS

TUUMA

KILOGRAMMA

KILOMETRI

PITUUS

LITRA

MASSA

MITTARI

MINUUTTI

UNSSI

TONNI

TILAVUUS

2 - Keuken

```
R E S E P T I S R T P M H F
N M Y K K U P I T U I L M M
A I Ö H A T D E C Y O J W A
M T M P U E D N Z Q V K L U
Y A Ä A H V E I T S E T A S
I G P K A T T I L A Q M U T
G R U U A L U S I K A T T E
A I I L I N U E M B A B A E
F L K H H Q N D K Z Z E S T
L L O O Y G Y U Z I O G L T
E I T Q D Z Z P U R K K I A
R H P A K A S T I N Y J I K
O C Q L K G E S I L I I N A
I J Ä Ä K A A P P I W H A N
```

KUPIT	KAUHA
SYÖMÄPUIKOT	PURKKI
GRILLI	RESEPTI
KATTILA	ESILIINA
JÄÄKAAPPI	LAUTASLIINA
KULHO	MAUSTEET
KANNU	SIENI
LUSIKAT	RUOKA
VEITSET	GAFLER
UUNI	PAKASTIN

3 - Boten

```
V H J K I V V N B F K T M Y
U K S D A H U J U F A E I V
O W L T L N W V I O J L E M
R J A H T I O A C R A A H O
O M U J J J A O N E K K I O
V A T F O B P S T K K K S T
E S T S N K O W J T K A T T
S T A D B E I K Ä A I U Ö O
I O D P T F J H R M G I R R
P E L A S T U S V E N E K I
M E R I M I E S I R G Z Ö C
V A L T A M E R I I A E Y L
A A L T O Y G T E C D W S W
R W P U R J E V E N E Y I W
```

ANKKURI	JÄRVI
MIEHISTÖ	MOOTTORI
POIJU	VALTAMERI
TELAKKA	PELASTUSVENE
AALTO	JOKI
JAHTI	VUOROVESI
KAJAKK	KÖYSI
KANOOTTI	LAUTTA
MASTO	MERI
MERIMIES	PURJEVENE

4 - Chocolade

```
D M H C K A P T R L M E T S
A I U U L F R H P E Q C B U
K O K O S N Ø T T H H I M O
H M A A P Ä H K I N Ä T F S
K E O V R G Z A R S G V B I
A E R U K A T K E R A W T K
R K A K W C A B S W R N J K
A S R K U S O K E R I J A I
M O O L A L O H P M A K U L
E T M W D L L P T D A C H A
L I I Y D J O I I M A K E A
L S Y Ö D Ä J R N U L C V T
I K A A K A O T I E C C N U
A I N E S O S A H Y N P Q Y
```

AROMI
ARTISANAL
KATKERA
KAAKAO
KALORI
SYÖDÄ
EKSOTISK
SUOSIKKI
HERKULLINEN
AINESOSA

KARAMELLI
KOKOSNØTT
LAATU
MAAPÄHKINÄT
JAUHE
RESEPTI
MAKU
SOKERI
HIMO
MAKEA

5 - Tijd

```
L K D W S P P R I Z G W Q K
N Y T E B U Ä G Q Z C K H E
B H V U O S I K Y M M E N S
G W Z R Q G V Y K H W T T K
Y Ö Y W N W Ä G T E F V T I
M I N U U T T I U H L M V P
Q R U Y P E W R N D K L U Ä
C R F D E I Q U N J F V O I
R D A H T L Q K I Ä T I S V
A A M U I E Y N N L Ä I I Ä
V U O S I N T S E K N K S Z
K A L E N T E R I E Ä K A H
K U U K A U S I M E Ä O T V
A I K A I N E N G N N V A P
```

PÄIVÄ	MINUUTTI
VUOSIKYMMEN	JÄLKEEN
VUOSISATA	YÖ
EILEN	NYT
VUOSI	AAMU
KALENTERI	TUNNIN
KELLO	TÄNÄÄN
KUUKAUSI	AIKAINEN
KESKIPÄIVÄ	VIIKKO

6 - Meditatie

```
O  H  N  T  I  Q  D  D  R  M  V  A  R  Y
V  P  E  Y  R  K  F  T  A  Y  P  N  A  S
U  Q  U  N  Q  L  Z  U  U  Ö  Y  L  U  T
H  U  Q  L  G  I  D  N  H  T  L  S  H  Ä
R  A  Q  A  B  I  N  N  A  Ä  U  R  A  V
P  P  V  L  V  K  T  E  G  T  O  Y  L  Ä
D  W  Y  A  Z  E  W  Y  P  U  N  H  L  L
H  E  N  K  I  S  T  Ä  S  N  T  T  I  L
Z  Z  C  H  K  N  S  Y  N  T  O  I  N  I
H  U  O  M  I  O  T  T  M  O  N  R  E  S
S  E  L  K  E  Y  S  O  R  R  Q  N  N  Y
M  U  S  I  I  K  K  I  T  Q  D  V  O  Y
Z  P  I  H  I  L  J  A  I  S  U  U  S  S
A  J  A  T  U  K  S  I  A  S  Y  H  C  A
```

HUOMIO	MYÖTÄTUNTO
HENGITYS	HENKISTÄ
LIIKE	MUSIIKKI
TUNNE	LUONTO
AJATUKSIA	HAVAINTO
SELKEYS	HILJAISUUS
RYHTI	RAUHA
RAUHALLINEN	YSTÄVÄLLISYYS

7 - Zomer

```
R  E  N  T  O  U  T  U  M  I  N  E  N  P
K  O  T  I  L  O  R  V  K  P  Q  C  K  E
P  L  G  P  A  P  L  A  J  Y  M  R  I  L
K  U  O  D  T  E  M  P  N  S  R  U  R  I
N  T  U  M  N  R  E  A  Z  T  J  O  J  T
S  O  B  T  A  H  R  A  Y  Ä  A  K  A  M
U  M  V  I  A  E  I  Q  V  V  E  A  T  M
K  E  U  H  Z  R  M  S  A  Ä  N  J  T  U
E  C  J  V  C  O  H  D  A  V  G  D  G  S
L  H  Z  A  N  S  C  A  M  P  I  N  G  I
L  Y  N  J  S  A  N  D  A  A  L  I  T  I
U  M  A  T  K  U  S  T  A  A  B  C  G  K
S  D  M  E  V  Y  J  Z  Z  W  F  G  Z  K
L  A  P  E  I  K  C  L  U  T  Ä  H  T  I
```

KIRJAT	TÄHTI
SUKELLUS	RANTA
PERHE	PUUTARHA
PELIT	LOMA
KOTI	RUOKA
CAMPING	ILO
MUSIIKKI	YSTÄVÄ
RENTOUTUMINEN	VAPAA
MATKUSTAA	MERI
SANDAALIT	

8 - Vogels

```
R T K K Ä K I H M P H C T J
H V O Y N F L A M I N G O O
A Z N T Y A G N K B Y Y U U
P G U U F H K H B K R D K T
H Ö C O N A K I P J I G A S
A A L U N N I Y I R I P A E
U S I L O K K I N E K E N N
K H I K Ö K U I G E I L I P
K G H M A A K D V F N I N T
A H V T E R F E I G K K M W
J J Z A T V A R I S U A U Q
V A R P U N E N N G K A N A
S T R U T S I S I S K N A F
P A P U K A I J A M O I J J
```

KYYHKYNEN
ANKKA
MUNA
FLAMINGO
HANHI
HAUKKA
KANA
KÄKI
VARIS
LOKKI

VARPUNEN
HAIKARA
PAPUKAIJA
RIIKINKUKKO
PELIKAANI
PINGVIINI
STRUTSI
TOUKAANIN
PÖLLÖ
JOUTSEN

9 - Behoud

```
W H N N K V S G G F K F Z Q
Z D K M S E Y Z S W O O K G
J P J Q S S K D F Q L R S O
G G R E O I L N Z L U U R O
V I H R E Ä I N L B O R Q R
T O R J U N T A A I N E T G
Y M P Ä R I S T Ö N N N E A
K O U L U T U S J Z O S R A
K E S T Ä V Ä H Y S L N V N
K I E R R Ä T T Ä Ä L I E I
V Ä H E N T Ä Ä J Z I N Y N
I L M A S T O A F U N G S E
F Z E K O S Y S T E E M I N
V A P A A E H T O I N E N P
```

KESTÄVÄ	KOULUTUS
EKOSYSTEEMI	ORGAANINEN
SYKLI	TORJUNTA-AINE
TERVEYS	KIERRÄTTÄÄ
VIHREÄ	VÄHENTÄÄ
ILMASTO	FORURENSNING
YMPÄRISTÖ	VAPAAEHTOINEN
LUONNOLLINEN	VESI

10 - Wiskunde

```
S  Y  H  T  Ä  L  Ö  H  S  M  A  R  S  G
U  F  A  U  M  Q  K  D  U  O  R  I  Y  E
U  S  L  D  N  P  W  L  O  N  I  N  M  O
N  S  K  F  W  K  O  F  R  I  T  N  M  M
N  S  A  J  A  E  K  I  A  K  M  A  E  E
I  Ä  I  K  D  S  E  D  K  U  E  K  T  T
K  D  S  U  L  W  H  E  U  L  E  K  R  R
A  E  I  L  W  V  Ä  S  L  M  T  A  I  I
S  F  J  M  U  Y  B  I  M  I  T  I  A  A
C  V  A  A  K  O  L  M  I  O  I  N  A  P
I  M  D  T  K  G  J  A  O  Y  N  E  B  J
K  E  S  U  M  M  A  A  R  L  E  N  Q  S
N  E  L  I  Ö  B  K  L  S  F  N  N  T  W
E  M  C  Y  A  R  O  I  L  M  J  W  W  F
```

DESIMAALI	SUUNNIKAS
HALKAISIJA	SUORAKULMIO
JAKO	ARITMEETTINEN
KOLMIO	SUMMA
JAE	SÄDE
GEOMETRIA	SYMMETRIA
KULMAT	MONIKULMIO
KEHÄ	YHTÄLÖ
RINNAKKAINEN	NELIÖ

11 - Camping

```
M B A K K A U R M Ö K K I T
E S Z K A T W O E N T O Z E
T B E Z R N Y V T Q U M V L
S O P T T Z O W S O R P J T
Ä L H A T T U O Ä C K A Ä T
S Y Y Z A R Z W T P F S R A
T H Ö V U O R I K T U S V Y
Y T N Z B Z K P U U I I I M
S Y T R I I P P U M A T T O
W M E L U O N T O K Ö Y S I
N A I A N T A A P O T K U T
J K N S E I K K A I L U A R
V Y E L Ä I M E T W C N Z U
S L N F W D S N D I Q R L P
```

SEIKKAILU	METSÄSTYS
VUORI	KARTTA
PUU	KANOOTTI
METSÄ	KOMPASSI
ANTAA POTKUT	LYHTY
MÖKKI	KUU
ELÄIMET	JÄRVI
RIIPPUMATTO	LUONTO
HATTU	TELTTA
HYÖNTEINEN	KÖYSI

12 - Activiteiten

```
V H G I B M W O V U I D Y V
T W R D K E R A M I I K K A
M M Q Q B T L D F P V S S P
V K A L A S T U S H E H P A
I L O C U Ä P U U T N L W A
L T R B G S R E D T E T U M
J U B E T T R D L A E W V A
C R K G O Y B C N I T C A A
O F D E I S F F S T T A E L
P P F G M J I O K O Z M L A
V D Y K I I T A I D E P L U
U V O Y N Q N E O F S I U S
E N W V T K R E S N A N S N
H A O T A I K A N N Z G V W
```

TOIMINTA   LUKEMINEN
VENEET   TAIKA
ETU   OMPELU
PELIT   ILO
KALASTUS   MAALAUS
METSÄSTYS   TAITO
CAMPING   VAPAA
KERAMIIKKA   VAELLUS
TAIDE

13 - Vormen

```
K  S  Y  M  P  Y  R  Ä  B  L  L  K  K  F
G  Y  U  G  A  M  L  E  D  F  S  A  O  T
P  V  J  O  U  O  R  C  U  V  K  A  L  O
Y  H  O  A  R  O  Y  B  T  N  K  R  M  E
R  Y  B  R  Q  A  P  O  V  C  A  I  I  K
A  I  M  H  O  P  K  E  S  G  R  T  O  U
M  E  R  L  Q  Y  N  U  M  O  T  I  Z  L
I  E  M  O  N  I  K  U  L  M  I  O  V  M
D  K  U  U  T  I  O  W  I  M  O  K  D  A
I  I  H  U  E  M  M  T  N  S  I  D  E  T
N  E  L  I  Ö  O  O  A  J  B  I  O  F  A
K  Ä  Y  R  Ä  G  I  J  A  G  D  C  D  F
H  Y  P  E  R  B  E  L  I  U  M  F  P  C
L  Y  P  R  I  S  M  A  L  L  B  M  D  M
```

KAARI	LINJA
YMPYRÄ	SOIKEA
KÄYRÄ	PYRAMIDI
KOLMIO	PRISMA
KULMA	REUNAT
HYPERBELI	SUORAKULMIO
SIDE	MONIKULMIO
KARTIO	NELIÖ
KUUTIO	

14 - Astronomie

```
S  K  A  U  K  O  P  U  T  K  I  O  T  A
S  Ä  Q  Z  U  D  M  T  A  O  A  B  Ä  Z
W  E  T  J  U  R  H  F  I  M  S  S  H  T
N  F  F  E  K  V  I  P  V  E  T  E  T  U
H  R  J  V  I  J  T  L  A  E  R  I  D
M  A  A  N  M  L  S  A  S  T  R  V  Z  T
K  K  L  D  D  E  Y  N  D  T  O  A  O  Ä
W  E  D  Ø  E  N  T  E  S  A  I  T  D  H
Q  T  C  G  Q  E  G  E  E  H  D  O  I  D
I  T  I  N  S  E  A  T  O  N  I  R  A  I
J  I  D  M  Q  U  P  T  G  R  A  I  K  S
K  O  S  M  O  S  M  A  L  H  I  O  K  T
A  S  T  R  O  N  A  U  T  T  I  I  I  Ö
S  A  T  E  L  L  I  I  T  T  I  Z  Q  L
```

MAA	SUMU
ASTEROIDI	OBSERVATORIO
ASTRONAUTTI	PLANEETTA
ZODIAKKI	RAKETTI
JEVNDØGN	SATELLIITTI
TAIVAS	TÄHTI
KOMEETTA	TÄHDISTÖ
KOSMOS	SÄTEILY
KUU	KAUKOPUTKI
METEORI	

15 - Emoties

```
V  J  W  M  A  L  R  H  G  H  F  D  Y  R
B  J  U  Y  W  S  A  W  E  E  P  Q  I  A
C  V  K  Ö  K  U  U  A  I  L  O  J  K  U
A  S  I  T  B  S  H  A  O  P  L  H  Ä  H
I  U  I  Ä  C  P  A  N  R  O  U  Y  V  A
D  R  T  T  F  Y  L  L  Ä  T  Y  S  Y  V
G  U  O  U  M  H  L  F  O  U  P  B  S  S
R  L  L  N  U  C  I  S  I  S  Ä  L  T  Ö
A  L  L  T  Q  S  N  R  Y  P  W  U  Y  L
K  I  I  O  Q  M  E  P  E  D  P  T  M  N
K  S  N  Y  G  C  N  M  U  N  R  V  I  H
A  U  E  P  E  L  K  O  N  P  T  F  N  M
U  U  N  F  U  I  F  S  S  Z  O  O  E  S
S  S  I  N  N  O  I  S  S  A  A  N  N  S
```

PELKO	INNOISSAAN
KIITOLLINEN	HELPOTUS
SURULLISUUS	MYÖTÄTUNTO
AUTUUS	HELLYYS
SISÄLTÖ	YLLÄTYS
RAUHALLINEN	IKÄVYSTYMINEN
RAKKAUS	RAUHA
RENTO	ILO

16 - Vakantie #2

```
N R N H R V Z J W Q M K H U
U L K O M A I N E N E A O L
V T B T W K V I U U R R T K
A E K U N O T I S R I T E O
R L U F T H A V N U W T L M
A T L D H D K S N T M A L A
U T J E P E S Y Y E O I I A
K A E Y R E I V C G D L N L
S F T C A M P I N G W O A A
E M U Q N A A N O W P M V I
T K S I T T S A A R I A A N
W U O A A K S P Q N G C P E
D R O B M A I V W V N S A N
V V Y N E B Y O V D H Y A C
```

KOHDE
ULKOMAALAINEN
ULKOMAINEN
SAARI
HOTELLI
KARTTA
CAMPING
LUFTHAVN
PASSI
MATKA

VARAUKSET
RAVINTOLA
RANTA
TAKSI
TELTTA
LOMA
KULJETUS
VIISUMI
VAPAA
MERI

17 - Weersomstandigheden

```
I  L  M  A  S  T  O  F  J  S  Z  C  W  T
Y  R  R  I  I  Q  N  T  Ä  V  U  M  H  O
K  L  S  S  W  O  Q  U  Ä  G  L  M  F  R
O  I  U  K  K  O  N  E  N  Z  Ä  Y  U  N
S  L  S  K  U  I  V  U  U  S  M  R  M  A
T  M  A  I  U  Q  O  M  A  L  P  S  O  D
E  A  L  T  A  I  V  A  S  K  Ö  K  N  O
A  I  A  Z  U  W  P  W  E  M  T  Y  S  I
C  N  M  Q  F  U  I  L  T  N  I  M  U  H
U  E  A  F  P  O  L  A  R  V  L  T  U  F
B  N  K  F  L  N  V  I  L  R  A  U  N  O
T  R  O  O  P  P  I  N  E  N  L  L  I  J
S  A  T  E  E  N  K  A  A  R  I  V  V  O
Q  B  L  H  H  U  R  R  I  K  A  A  N  I
```

ILMAINEN	TULVA
SALAMA	POLAR
UKKONEN	SATEENKAARI
KUIVUUS	MYRSKY
TAIVAS	LÄMPÖTILA
JÄÄN	TORNADO
ILMASTO	TROOPPINEN
SUMU	KOSTEA
MONSUUNI	TUULI
HURRIKAANI	PILVI

18 - Strand

```
S A T E E N V A R J O T R S
A P L U L O I R A B M E A A
N V U L A V L A P U V L N A
D R K R M W H Q U G B A N R
A U D M J M J U L F D K I I
A I B E J E L O M A T K K V
L O F R A D V V C Q S A K A
I T G I R G L E E H S U O L
T R I U T T A N N I I R E T
K W V S U C G F E E N I G A
G Z V W D R U E F K I N G M
U P Y Y H E U E H K N K N E
V E N E E R N K Q A E O F R
D P P B E R I M R F N L C I
```

SININEN
VENE
TELAKKA
SAARI
PYYHE
RAPU
RANNIKKO
LAGUUNI
VALTAMERI

SATEENVARJO
RIUTTA
SANDAALIT
LOMA
HIEKKA
MERI
PURJEVENE
AURINKO

19 - Eten #2

```
A D U D F M J F W R E D T F
D U G Q R Z U Q T I Y Z H U
H K I I V I U N F I E M D K
A I E S D F S P A S O A G M
I N P D Q Q T A M I K C L A
P K A L A L O R U S W R E N
T K S N W O R S N Y C H I T
O U L M A W W A A E V R P E
M M P E R S I K K A E Y Ä L
A H E N O P V A O O H P P I
A W S N M U G A I K N Ä A L
T C O D A S K L S A Ä L R G
T I C V Y N E I O N G E S O
I B A N A A N I O A S E A H
```

MANTELI
ANANAS
OMENA
PARSA
MUNAKOISO
BANAANI
PARSAKAALI
LEIPÄ
RYPÄLE
MUNA

KINKKU
JUUSTO
KANA
KIIVI
PERSIKKA
RIISI
VEHNÄ
TOMAATTI
KALA

20 - Klimmen

```
L U O L A K A P E A D V T F
S T N E F B V A E L L U S Y
A E I P J I V A K A U S K Y
P L O Y V H U Y W E W L O S
F I I L M A I N E N G W U I
K A R T T A K Y P Ä R Ä L N
O I N K E S S Ä T W Z C U E
R S Q Y H T V A S U S Z T N
K U D O R E A A A I V R U O
E U H T G E H Q M P N M S W
U S Y B Z T V L F M P E W N
S N C C E K U N N M A A E E
A S I A N T U N T I J A A T
L I U K I Q S D W J W E I T
```

ILMAINEN
ASIANTUNTIJA
FYYSINEN
LUOLA
KÄSINEET
KYPÄRÄ
KORKEUS
KARTTA
VAHVUUS

SAAPPAAT
VAMMA
UTELIAISUUS
KOULUTUS
KAPEA
VAKAUS
MAA
HAASTEET
VAELLUS

21 - Restaurant #1

```
M E L J V V Q U K A N A Q T
A V A Ä A A R U A L E V Y A
U E U L L R U K H L I F L R
S I T K I A O U V E P H G J
T T A I K U K L I R D O A O
E S S R K S A H D G R R Y I
I I L U O W W O Q I C K I L
N N I O P N D I K A N Y F I
E K I K A J O M U Q P K S J
N T N A S A M N I G C H Y A
Q A A O F I K E I T T I Ö E
H B I C Y N R A S E K U D S
L E I P Ä E K J J K P I Ä Q
K A S T I K E H L C F W Q A
```

ALLERGIA
LEVY
LEIPÄ
SYÖDÄ
AINE
KEITTIÖ
KANA
KAHVI
KULHO
VALIKKO

VEITSI
MAUSTEINEN
VARAUS
KASTIKE
TARJOILIJA
LAUTASLIINA
JÄLKIRUOKA
LIHA
RUOKA

22 - Geologie

```
G R A I N V H A W I E K S E
L U Y O E G E Y S I R O T R
K I V I H L I K G S K R A O
T A S A N K O M S U L A L O
Z U L K G R K R G O C L A S
Z U A S E E J V D L R L C I
F R V V I W S O A A Y I T O
V P A J L U O L A R S D I Z
O Y V M B F M S A T T A T G
L Q Ö M A A N O S A A S E G
C P V H F O S S I I L I I B
A M A D Y L N F K E R R O S
N M A F P K H A P P O L N I
O M F P I C E N Y Z A H U F
```

KALSIUM
MAANOSA
EROOSIO
FOSSIILI
GEYSIR
SULA
LUOLA
KORALLI
CRYSTAL
KVARTSI

KERROS
LAVA
TASANKO
STALACTITE
KIVI
VOLCANO
VYÖHYKE
SUOLA
HAPPO

23 - Specerijen

```
K A R D E M U M M A K M O K
H A P C M A K U F N U A F O
P R T I U Z Y I E I R U L R
G J K K P R K C N S K S R I
C F Y L E P R I K M U T Z A
W I N E A R U Y O A M E P N
T B S U O L A R L K A S A T
M S I P U L I K I E V A P E
N K U M I N A I R A A H R R
I N K I V Ä Ä R I I N R I I
V A L K O S I P U L I A K H
K A N E L I W F V G L M A M
Q C F C C B Q A P C J I T M
I W D M A S H E F V A P S S
```

ANIS
KATKERA
INKIVÄÄRI
KANELI
KARDEMUMMA
CURRY
VALKOSIPULI
KUMINA
KORIANTERI
KYNSI

KURKUMA
PAPRIKA
PIPPURI
MAUSTESAHRAMI
MAKU
SIPULI
VANILJA
FENKOLI
MAKEA
SUOLA

24 - Groenten

```
P  S  I  E  N  I  K  U  R  K  K  U  S  P
I  A  G  I  S  I  P  U  L  I  G  R  E  I
N  L  R  A  R  T  I  S  O  K  K  A  L  N
A  A  E  S  T  O  M  A  A  T  T  I  L  K
A  A  T  P  A  H  E  R  N  E  T  Y  E  I
T  T  I  G  E  K  G  Y  G  P  K  W  R  V
T  T  I  K  W  A  A  I  Y  E  S  J  I  Ä
I  I  S  W  Z  U  N  A  U  R  I  S  A  Ä
S  B  I  O  L  A  N  Y  L  S  G  T  Q  R
B  G  A  V  A  L  K  O  S  I  P  U  L  I
O  L  I  I  V  I  P  L  G  L  Y  N  V  R
M  U  N  A  K  O  I  S  O  J  V  W  C  R
K  U  R  P  I  T  S  A  D  A  H  E  T  F
S  A  L  O  T  T  I  S  I  P  U  L  I  R
```

ARTISOKKA	KURPITSA
MUNAKOISO	NAURIS
PARSAKAALI	RETIISI
HERNE	SALAATTI
INKIVÄÄRI	SELLERI
VALKOSIPULI	SALOTTISIPULI
KURKKU	PINAATTI
OLIIVI	TOMAATTI
SIENI	SIPULI
PERSILJA	

25 - Dans

```
V V H K P I R Z L R G T F P
I B A U K M L Z Q Y K U Y E
S P R L I U R M H H E N W R
U N J T S S M F E T H N L I
A S O T T I W P F I O E K N
A Q I U G I L A P D K A L T
L P T U E K I K A A Y Ä A E
I B U R H K I A A R N K S I
N I K I V I K T G Y M I S N
E O S K V Z E E H E Y O I E
N E E L R Y T M I L R C N N
D D T A I D E I L O I N E N
K O V K U Z C A L U R V N C
K O R E O G R A F I A W U J
```

AKATEMIA	KLASSINEN
LIIKE	TAIDE
ILOINEN	KEHO
KOREOGRAFIA	MUSIIKKI
KULTTUURI	KUMPPANI
TUNNE	HARJOITUKSET
ILMEIKÄS	RYTMI
ARMO	PERINTEINEN
RYHTI	VISUAALINEN

26 - Sport

```
J K U G Q O Z V B L L M C I
S Ä U R E R L C F I J E E Y
T L Ä N H L E Z Y N G S O U
A P O K T E N N I S L T U O
D E N T I O I T U O M A R I
I L R A I E S L V Y P R L K
O I V I M S K A I O E U I O
N E N L I L B K L J L U I R
G O L F B T N N O I A S K I
V A L M E N T A J A A R E P
P O L K U P Y Ö R Ä J W T A
B A S E B A L L I Z A O K L
V O I M I S T E L U D M D L
V O I T T A J A Q V Y V K O
```

URHEILIJA	MESTARUUS
KORIPALLO	TUOMARI
LIIKE	PELI
POLKUPYÖRÄ	PELAAJA
GOLF	STADION
KUNTOSALI	TIIMI
VOIMISTELU	TENNIS
JÄÄKIEKKO	VALMENTAJA
BASEBALL	VOITTAJA

27 - Mythologie

```
S  S  A  N  K  A  R  I  T  A  R  H  K  G
H  A  O  K  O  R  Q  L  T  K  M  R  O  K
K  I  L  L  Q  I  R  U  A  A  A  H  S  U
U  Y  R  A  E  Y  Y  Q  I  T  A  K  T  O
L  R  T  V  M  N  S  N  V  E  G  L  O  L
T  T  I  H  I  A  T  D  A  U  I  A  A  E
T  L  G  U  J  Ö  M  O  S  S  N  B  R  V
U  S  K  O  M  U  K  S  E  T  E  Y  K  A
U  A  V  A  H  V  U  U  S  Q  N  R  E  I
R  N  S  O  T  U  R  I  E  D  K  I  T  N
I  K  S  F  L  U  O  M  I  N  E  N  Y  E
K  A  T  A  S  T  R  O  F  I  W  T  P  N
T  R  L  E  G  E  N  D  A  Y  Z  T  E  M
Q  I  U  K  K  O  N  E  N  I  Q  I  G  I
```

ARKETYPE	VAHVUUS
SALAMA	SOTURI
LUOMINEN	LEGENDA
KULTTUURI	MAAGINEN
UKKONEN	HIRVIÖ
LABYRINTTI	USKOMUKSET
SANKARI	KATASTROFI
SANKARITAR	KUOLEVAINEN
TAIVAS	OLENTO
KATEUS	KOSTO

28 - Vakantie #1

```
R E N T O U T U M I N E N Y
Q A P M U S E O T T U L L I
L D I C A U T O U R B S M V
Ä I U T G T Z D R E L A A J
H R P N I J K G I P P T T Ä
T E L P Q O R A S P G E K R
Ö T E L U F V B T U V E A V
U K N W M F A A I M W N L I
O I T V R D L A U N P V A P
Y K O P T A U U D N D A U E
V U K J B Y U O E U U R K A
R N O G Z V T Y B M W J K G
H T N P E C T J W H T O U T
C A E M P K A N T D N R P T
```

AUTO	SATEENVARJO
TULLI	MATKA
RETKIKUNTA	REPPU
LIPPU	TURISTI
MATKALAUKKU	RAITIOVAUNU
JÄRVI	VALUUTTA
MUSEO	LÄHTÖ
RENTOUTUMINEN	LENTOKONE

29 - Eten #1

```
S P A S N P G O W V V P S B
U Ä P O R K K A N A D R A A
P Ä Y M P I N A A T T I L S
P R R B A Q W T U O S D A I
E Y L Y S I T R U U N A A L
R N I Z S Z T J C N W T T I
M Ä H O I K O O E B F L T K
A M A A P Ä H K I N Ä I I A
N L I J U M R P K V P P S L
S S U O L A A S K A V T T K
I A P R I K O O S I N F I J
K T Y N I V O C E V M E H U
K V A L K O S I P U L I L F
A T V R W P Y M S O K E R I
```

MANSIKKA	SALAATTI
APRIKOOSI	MEHU
BASILIKA	SUPPE
SITRUUNA	PINAATTI
OHRA	SOKERI
KANELI	TUNFISK
VALKOSIPULI	SIPULI
MAITO	LIHA
PÄÄRYNÄ	PORKKANA
MAAPÄHKINÄ	SUOLA

30 - Avontuur

```
M K T O I M I N T A L M S O
O A A S A Y A Y S T Ä V Ä V
F G T U U S I T F E C C Q A
U M Y K N Z L Y K Z E Y J I
Q B P F A E O B C U F F S K
L U O N T O U U B Z S D M E
K L K L B T R S F K E T O U
Y L L Ä T T Ä V Ä T U G A S
T U R V A L L I S U U S S A
M A H D O L L I S U U S O R
I N N O S T U S U K O H D E
E P Ä T A V A L L I N E N T
N A V I G O I N T I M E Y K
H A A S T E E T O P A E W I
```

TOIMINTA
KOHDE
INNOSTUS
RETKI
MAHDOLLISUUS
VAIKEUS
LUONTO
NAVIGOINTI
UUSI

EPÄTAVALLINEN
MATKA
MATKUSTAA
KAUNEUS
HAASTEET
TURVALLISUUS
YLLÄTTÄVÄ
ILO
YSTÄVÄ

31 - Circus

B	A	L	L	O	N	G	E	R	T	G	E	T	E
K	V	W	I	U	V	I	P	N	A	R	N	A	L
Y	E	C	P	L	I	R	Z	G	I	I	K	I	Ä
T	E	M	P	P	U	N	V	N	K	B	D	K	I
E	D	F	U	G	C	J	G	Q	A	A	E	U	M
L	M	K	A	T	S	O	J	A	R	P	M	R	E
T	U	F	L	G	K	N	O	R	S	U	I	I	T
T	S	W	Q	P	E	G	Z	C	G	O	N	N	U
A	I	E	I	U	M	L	N	L	W	C	Z	P	A
M	I	Z	B	K	C	Ö	P	A	R	A	A	T	I
W	K	Z	M	U	A	Ö	L	E	I	J	O	N	A
R	K	Q	F	E	P	R	Z	S	Q	M	E	D	L
T	I	I	K	E	R	I	W	E	Y	S	A	Z	M
N	F	H	R	A	K	R	O	B	A	T	N	C	V

APINA
AKROBAT
BALLONGER
ELÄIMET
TAIKURI
JONGLÖÖRI
LIPPU
PUKU
LEIJONA

TAIKA
MUSIIKKI
NORSU
PARAATI
TELTTA
TIIKERI
KATSOJA
TEMPPU

32 - Restaurant #2

```
M S O H E R K U L L I N E N
J U O M A N U U D E L I T D
E P N K A K K U M Y I T J V
Z B J A G H E D E L M Ä O A
G H Z L T A R J O I L I J A
C A P A S U P P E G C J Q H
M A U S T E E T B Z C Ä B B
L R F K A L O U N A S Ä A L
T U O L I L L A L L I N E N
T K S V I H A N N E S Y O V
R K Z I D C L A D H A B M W
S A Z O K T V N T N F B B S
V E S I C K R G C T T I H N
J H S U O L A Q D Z I T V T
```

KAKKU	NUUDELIT
ILLALLINEN	TARJOILIJA
JUOMA	SALAATTI
MUNAT	SUPPE
HEDELMÄ	MAUSTEET
VIHANNES	TUOLI
HERKULLINEN	KALA
JÄÄN	HAARUKKA
LUSIKKA	VESI
LOUNAS	SUOLA

33 - Bijen

```
E D V Y B U A H A S A V U M
P K R U O K A E U H Z H O S
O U O G L U O D R U Y Y H O
L K A S V I T E I N W Ö Y K
L A G I Y I N L N A I N Ö U
I T P I P S B M K J B T D N
N O A T E U T Ä O A Q E Y I
A D R E S H U E Y A O I L N
T T A P Ä H C T E N Z N L G
O V F Ö K U K K A M I E I A
R T I L P A R V I R I N N T
W A I Y W A L M J A H E E A
D O N Q C K Y M R W Y A N R
U S I I V E T B Z S R H Q S
```

POLLINATOR
PESÄ
KUKAT
KUKKA
EKOSYSTEEMI
HEDELMÄ
HUNAJA
HYÖNTEINEN
KUNINGATAR
KASVIT

SAVU
SIITEPÖLY
PUUTARHA
SIIVET
RUOKA
HYÖDYLLINEN
PARAFIINI
AURINKO
PARVI

34 - School #1

```
Z  J  V  K  Y  N  Ä  T  O  L  G  J  L  S
Y  A  T  A  E  Y  S  F  P  Z  M  P  Y  I
D  C  O  N  L  G  K  B  B  V  P  D  I  A
K  V  A  S  T  A  U  K  S  I  A  N  J  P
H  I  T  I  F  U  G  M  L  O  P  U  Y  A
T  A  R  O  V  Y  O  N  U  P  E  M  K  A
Y  Y  U  J  A  A  C  L  M  P  R  E  Y  K
Ö  S  L  S  A  K  I  D  I  I  I  R  N  K
P  T  H  Y  K  T  Y  B  R  A  R  O  Ä  O
Ö  Ä  U  F  W  A  K  O  K  E  E  T  D  S
Y  V  K  I  R  J  A  S  T  O  A  L  O  E
T  Ä  O  P  E  T  T  A  J  A  O  W  Q  T
Ä  D  E  L  O  U  N  A  S  J  A  H  D  K
T  I  E  T  O  K  I  L  P  A  I  L  U  E
```

AAKKOSET	LOUNAS
VASTAUKSIA	KANSIO
KIRJASTO	PAPERI
KIRJAT	KYNÄT
TYÖPÖYTÄ	HAUSKAA
NUMERO	LYIJYKYNÄ
KOKEET	TIETOKILPAILU
OPETTAJA	TUOLI
OPPIA	YSTÄVÄ

35 - Wandelen

```
V  K  I  N  Y  J  V  S  U  U  N  T  A  A
U  Ä  A  Y  O  T  U  A  M  W  T  C  B  U
O  Y  S  L  O  Y  S  A  A  T  I  Q  I  R
R  Y  E  Y  L  R  N  P  C  R  A  W  L  I
I  V  W  U  N  I  Q  P  A  K  A  Y  M  N
V  E  S  I  J  Y  O  A  M  A  S  T  A  K
K  S  S  Ä  Ä  E  T  A  P  R  L  K  S  O
S  E  L  Ä  I  M  E  T  I  T  Q  K  T  W
Y  W  B  F  F  L  P  O  N  T  S  O  O  A
B  K  I  V  I  U  E  A  G  A  W  K  H  Y
D  V  U  B  S  O  P  U  I  S  T  O  T  O
Q  M  A  M  D  N  K  M  U  M  N  U  V  M
V  I  L  L  I  T  O  Q  R  Y  K  S  E  U
R  K  E  N  C  O  R  A  S  K  A  S  H  L
```

VUORI	SUUNTA
ELÄIMET	PUISTOT
VAARAT	KIVI
KARTTA	KOKOUS
CAMPING	VESI
KALLIO	SÄÄ
ILMASTO	VILLI
SAAPPAAT	AURINKO
VÄSYNYT	RASKAS
LUONTO	

36 - Ecologie

```
K  S  C  G  Z  Y  Q  E  R  I  W  E  W  R
U  A  E  D  E  H  T  F  L  L  F  L  B  Z
I  Q  S  L  Z  T  P  B  S  M  A  Ä  C  L
V  H  Q  V  V  E  P  S  L  A  J  I  T  T
U  Z  Q  I  I  I  E  U  Q  S  U  M  F  A
U  B  I  D  V  S  Y  O  H  T  S  I  L  V
S  Z  B  Z  Y  Ö  T  T  M  O  C  S  U  U
K  E  S  T  Ä  V  Ä  O  Y  E  P  T  O  O
C  C  Q  J  W  G  Y  M  U  M  R  Ö  N  R
F  R  I  V  I  L  L  I  G  E  I  I  T  E
E  D  R  H  K  A  S  V  I  T  Z  N  O  T
K  A  S  V  I  L  L  I  S  U  U  S  E  S
L  U  O  N  N  O  L  L  I  N  E  N  B  N
P  U  F  W  T  L  M  J  N  F  M  T  G  V
```

VUORET	SUO
KUIVUUS	LUONTO
KESTÄVÄ	LUONNOLLINEN
ELÄIMISTÖ	SELVIYTYMINEN
KASVISTO	KASVIT
YHTEISÖ	LAJIT
ILMASTO	KASVILLISUUS
MERI	FRIVILLIGE

37 - Installaties

```
K V A J R A J D P K K L A V
A A V A E L G J U U R I I B
K M S A M M A L U W H I K A
T W E V J Q H A Y N L T Q M
U I Q T I H W N R L F G K B
S P O I S L F N T I P A P U
K P Y P B Ä L O T M K M U M
W U R U O H O I I B H A U U
W U K S Y B O T S K M R N R
P T T K R L Y E N U G J L A
E A R A A C F S U U U A E T
A R L E H T I E N W F S H T
Z H K A S V I S T O L P T I
K A S V I T I E D E P C I I
```

BAMBU
MARJA
PUUN LEHTI
KUKKA
PUU
PAPU
METSÄ
KAKTUS
KASVISTO
LEHTIEN

RUOHO
MURATTI
YRTTI
LANNOITE
SAMMAL
KASVITIEDE
PUSKA
PUUTARHA
KASVILLISUUS
JUURI

38 - School #2

```
T  I  N  K  K  E  N  G  Ä  T  P  K  D  M
I  P  O  I  O  B  U  S  S  I  Y  I  M  A
E  C  N  R  U  K  R  Q  P  E  Y  E  A  T
T  D  O  J  L  T  Y  W  L  D  H  L  K  E
O  V  P  A  U  Y  S  N  O  E  E  I  I  M
K  J  E  S  T  T  I  G  Ä  Y  K  O  R  A
O  W  T  T  U  W  K  J  T  T  U  P  J  T
N  P  T  O  S  F  K  J  Y  U  M  P  A  I
E  V  A  R  E  P  P  U  T  K  I  I  T  I
O  H  J  P  S  A  K  S  E  T  Y  K  W  K
A  K  A  T  E  E  M  I  N  E  N  N  T  K
C  C  Y  I  O  R  U  Z  I  F  T  U  Ä  A
O  W  G  Q  Z  B  I  B  V  B  K  H  I  R
F  K  I  R  J  A  L  L  I  S  U  U  S  L
```

AKATEEMINEN	KOULUTUS
KIRJASTO	PAPERI
KIRJAT	KYNÄT
BUSSI	LYIJYKYNÄ
TIETOKONE	REPPU
PYYHEKUMI	SAKSET
KIELIOPPI	KENGÄT
OPETTAJA	TIEDE
KIRJALLISUUS	MATEMATIIKKA

39 - Oceaan

```
K  C  R  A  P  U  T  U  N  F  I  S  K  G
A  V  I  E  G  U  I  V  H  Q  F  U  K  H
T  P  U  N  K  O  D  K  A  L  A  O  I  N
K  Y  T  O  S  I  E  N  I  L  B  L  L  V
A  R  T  S  W  W  V  F  U  M  A  A  P  L
R  H  A  H  H  S  A  C  R  U  Z  S  I  M
A  L  F  M  L  Y  N  N  J  S  S  D  K  Y
V  J  H  E  E  R  N  A  K  T  S  E  O  R
U  O  O  J  V  Q  K  B  R  E  I  L  N  S
T  V  S  B  Ä  V  M  G  S  K  R  F  N  K
J  J  Y  T  T  V  E  N  E  A  W  I  A  Y
G  C  E  J  E  K  O  R  A  L  L  I  A  P
M  A  N  E  T  R  B  C  O  A  Q  N  A  S
C  U  F  I  R  Y  I  C  L  Y  H  I  C  J
```

ANKERIAS	MUSTEKALA
LEVÄT	OSTERI
VENE	RIUTTA
DELFIINI	KILPIKONNA
KATKARAVUT	SIENI
TIDEVANN	MYRSKY
HAI	TUNFISK
KORALLI	KALA
RAPU	VALAS
MANET	SUOLA

40 - Landen #2

```
V N I G E R I A F G R A P L
K E E Q F H U I R L A N T I
R T N P S Y Y R I A N P M O
E A H Ä A H T M E K S I K O
I N Y F J L H T W Z K M A Z
K S P L I Ä L A O S A E L H
K K B I R L U J A P A N I T
A A K B T B G D T C A F R Q
M A L E S I A L I B A N O N
D P K R N I N D O N E S I A
A Q D I A I D F O Q C I C H
S O M A L I A I G T V L A Q
E T I O P I A F F L O H J P
U K R A I N A H S E N R Z K
```

TANSKA	LIBERIA
ETIOPIA	MALESIA
RANSKA	MEKSIKO
KREIKKA	NEPAL
IRLANTI	NIGERIA
INDONESIA	UGANDA
JAPANI	UKRAINA
KENIA	VENÄJÄ
LAOS	SOMALIA
LIBANON	SYYRIA

41 - Bloemen

```
I  J  W  Q  K  D  S  E  D  R  H  A  T  V
U  M  B  L  I  L  J  A  P  I  L  A  E  O
G  L  U  I  M  V  Z  P  I  O  N  I  R  I
J  E  Z  I  P  L  U  M  E  R  I  A  Ä  K
C  N  W  L  P  P  L  K  F  R  R  K  L  U
C  L  F  A  U  N  I  K  K  O  U  H  E  K
J  A  S  M  I  I  N  I  M  G  U  I  H  K
O  V  E  D  L  W  L  G  A  A  S  B  T  A
R  E  A  R  L  A  R  Z  G  R  U  I  I  P
K  N  B  C  P  J  Y  D  N  D  R  S  P  T
I  T  A  L  B  O  R  Q  O  E  T  C  W  Q
D  E  P  Q  F  Y  T  D  L  N  H  U  T  N
E  L  Y  K  J  H  F  P  I  I  U  S  V  P
A  I  O  T  U  L  P  P  A  A  N  I  Q  B
```

TERÄLEHTI	MAGNOLIA
KIMPPU	ORKIDEA
GARDENIA	VOIKUKKA
HIBISCUS	UNIKKO
JASMIINI	PIONI
APILA	PLUMERIA
LAVENTELI	RUUSU
LILJA	TULPPAANI
LIILA	

42 - Huisdieren

```
J N R D A T K O I R A V H K
I C U V E L A Y B B Q U A A
C W O T B A O S N N U O M L
J R K L E H M Ä S N B H S A
F Y A P E N T U U U E I T R
Z V Q K B Z P L G L T T E V
G O K A Q Q F H I I R I R E
P A P U K A I J A S P O I S
Y K E L Ä I N L Ä Ä K Ä R I
R A Q U A M W J T W I O W K
S N K S K A T T U N G E I I
T I K I L P I K O N N A A S
Ö E E Z V R F U Z U T J H S
Z G H D J I A B L K B L L A
```

ELÄINLÄÄKÄRI
VUOHI
LISKO
HAMSTERI
KOIRA
KISSA
KATTUNGE
KYNNET
LEHMÄ
KANI

KAULUS
HIIRI
PAPUKAIJA
TASSUT
PENTU
KILPIKONNA
PYRSTÖ
KALA
RUOKA
VESI

43 - Landschappen

```
T V V O L C A N O V S L R W
J U E V C B Y L Y A U A W M
Ä O N U J O K I W L O A C Ä
Ä R I D Ä V E C U T R K P K
V I E Y R V I V E A V S J I
U L M D V A D V Y M M O Ä R
O F I E I D A W J E C A Ä Q
R A M E R I S G P R A N T A
I J A S J W U S E I K I I F
H K A V Z L U O L A Q J K P
G E Y S I R O R J D D O K L
M Z S J T K S A A R I K Ö A
T H I T J W K U V J O P M U
V E S I P U T O U S G B E S
```

VUORI	VALTAMERI
SAARI	JOKI
GEYSIR	NIEMIMAA
JÄÄTIKKÖ	RANTA
LUOLA	TUNDRA
MÄKI	LAAKSO
JÄÄVUORI	VOLCANO
JÄRVI	VESIPUTOUS
SUO	AAVIKKO
KEIDAS	MERI

44 - Tuin

```
P U U R C V P F T C Z U A N
L E T K U R U O H O A G U D
A L N J U D U P T Y J R T U
P A U K K E T S U U V E O T
I M R U K E A T K S Z S T R
O P M R T I R R E V K S A A
L I I W G P H M S R P A L M
I O K D M K A I T A A I L P
K U K K A D G Z Z U V S I O
A G O K U I S T I R D M S L
M A A P E R Ä V S A W U I I
R I B J D D M W P K R Z N I
S S G Y K C E Z I E V T J N
R I I P P U M A T T O V A I
```

PENKKI
KUKKA
MAAPERÄ
PUU
AUTOTALLI
NURMIKKO
RUOHO
RIIPPUMATTO
RAKE
AITA

UGRESS
LAPIO
LETKU
PUSKA
TERASSI
TRAMPOLIINI
PUUTARHA
KUISTI
LAMPI

45 - Katten

```
R  I  I  P  P  U  M  A  T  O  N  F  V  N
F  N  B  H  B  P  I  F  B  O  Q  V  I  O
R  W  Q  D  A  U  Y  G  E  N  G  T  L  P
L  A  N  K  A  U  J  R  U  T  I  H  L  E
M  H  B  B  D  E  S  O  S  C  O  I  I  A
R  H  U  L  L  U  M  K  Y  T  Y  I  Z  S
D  A  T  M  K  P  S  H  A  K  Ö  R  V  T
N  T  U  R  K  K  I  K  Y  N  S  I  Ä  I
Z  L  T  A  S  S  U  P  W  H  B  N  H  Z
J  M  E  T  S  Ä  S  T  Ä  J  Ä  U  Ä  E
F  Y  L  O  M  T  G  I  K  B  W  K  N  T
L  E  I  K  K  I  S  Ä  P  A  C  K  F  U
A  N  A  N  H  P  R  R  B  V  J  U  A  E
R  U  S  C  S  C  P  Z  A  H  O  A  T  F
```

TURKKI	RIIPPUMATON
LANKA	TASSU
HULLU	NUKKUA
HAUSKA	NOPEASTI
METSÄSTÄJÄ	LEIKKISÄ
KYNSIÄ	PYRSTÖ
VÄHÄN	UJO
HIIRI	VILLI
UTELIAS	

46 - Beroepen #2

```
L C N B I U Y K D P Y I T M
B Ä B J V W Q U P A Y N A F
E I Ä E M E T S I V Ä S I I
L Z O K V I L T L I P I D L
D A P L Ä W N A O L O N E O
K E O G O R G N T J L Ö M S
V W H H S G I T T E I Ö A O
R R Y L W A I A I L I R A F
T U T K I J A J E I T I L I
K I R U R G I A C J I M A K
H H A M M A S L Ä Ä K Ä R I
O P E T T A J A V N K W I B
K U V I T T A J A K O Y H V
A S T R O N A U T T I Z R R
```

LÄÄKÄRI   INSINÖÖRI
ASTRONAUTTI   OPETTAJA
BIOLOGI   TUTKIJA
VILJELIJÄ   PILOTTI
KIRURGI   POLIITIKKO
ETSIVÄ   TAIDEMAALARI
FILOSOFI   HAMMASLÄÄKÄRI
KUVITTAJA   KUSTANTAJA

47 - Dagen en Maanden

```
F H D M Y W F B J H A W N M
P E R J A N T A I O L Y L A
S L E K K A L E N T E R I A
Y M T N O E L O K U U U F N
Y I I A U R W I E K P A U A
S K I A M T O R S T A I B N
K U S F G M G F Ä K V K L T
U U T R V I I K K O U U A A
U J A L O K A K U U O U U I
H E I N Ä K U U U R S K A A
M A R R A S K U U U I A N A
K E S K I V I I K K O U T F
Y P F D W W U N D Y T S A Y
U F Q S U N N U N T A I I N
```

ELOKUU
TIISTAI
TORSTAI
HELMIKUU
VUOSI
TAMMIKUU
HEINÄKUU
KESÄKUU
KALENTERI
KUUKAUSI

MAANANTAI
MAALISKUU
MARRASKUU
LOKAKUU
SYYSKUU
PERJANTAI
VIIKKO
KESKIVIIKKO
LAUANTAI
SUNNUNTAI

48 - Beeldende Kunsten

```
M  L  A  N  Ä  K  Ö  K  U  L  M  A  B  M
A  I  R  K  E  R  A  M  I  I  K  K  A  E
A  I  K  L  M  A  A  L  A  U  S  R  U  S
L  T  K  T  A  I  T  E  I  L  I  J  A  T
A  U  I  D  U  K  V  A  N  U  O  E  K  A
U  L  T  V  M  I  K  K  M  O  E  L  G  R
S  Y  E  K  Y  N  Ä  A  U  V  S  O  I  I
T  I  H  Q  N  J  V  H  O  U  R  K  T  T
E  J  T  V  K  O  O  S  T  U  M  U  S  E
L  Y  U  V  E  I  S  T  O  S  A  V  I  O
I  K  U  N  V  A  L  O  K  U  V  A  B  S
N  Y  R  Q  R  C  Q  E  U  T  E  H  K  C
E  N  I  G  O  Z  D  O  V  L  P  H  T  O
U  Ä  T  P  M  P  A  R  A  F  I  I  N  I
```

ARKKITEHTUURI	MESTARITEOS
TAITEILIJA	KYNÄ
VEISTOS	NÄKÖKULMA
LUOVUUS	MUOTOKUVA
MAALAUSTELINE	LYIJYKYNÄ
ELOKUVA	KOOSTUMUS
VALOKUVA	MAALAUS
KERAMIIKKA	LAKKA
SAVI	PARAFIINI
LIITU	

49 - Menselijk Lichaam

```
B  I  B  B  Q  V  V  H  J  E  N  M  J  O
V  E  V  V  V  L  L  A  K  O  R  V  A  L
A  J  D  Z  E  C  N  E  T  K  S  G  L  K
K  Y  Y  N  Ä  R  P  Ä  Ä  S  F  I  K  A
Ä  D  A  W  I  P  I  H  O  Y  A  H  A  P
S  A  N  I  L  K  K  A  U  D  I  O  N  Ä
I  T  U  T  V  V  T  B  E  Ä  P  S  S  Ä
S  U  U  S  R  O  F  E  P  N  U  Y  S  Z
G  S  N  E  N  Ä  T  P  O  L  V  I  K  R
M  I  S  O  R  M  I  Ä  L  E  U  K  A  F
I  L  V  O  J  F  K  Ä  P  J  R  A  K  N
C  M  Y  E  A  E  T  I  Q  F  P  U  C  I
Y  Ä  T  T  K  Y  D  D  B  L  R  L  A  K
S  Y  L  R  N  K  I  E  L  I  C  A  Y  Q
```

JALKA	POLVI
VERI	VATSA
KYYNÄRPÄÄ	SUU
NILKKA	KAULA
KÄSI	NENÄ
SYDÄN	SILMÄ
AIVOT	KORVA
PÄÄ	OLKAPÄÄ
IHO	KIELI
LEUKA	SORMI

50 - Familie

```
P B V E L J E N P O I K A Ä
N O L R K C G F S H E S L I
C E J O H H U Y B C I T Ä T
V H L A J L A P S E T A A I
E E K J N A G R M U O M S K
L G L U M P I M S J C F E I
I V A J I S O Ä I T I A T S
U A P Y E E Q I S R L R Ä Ä
E I S Y S N I C K N A W C N
B M U I Y L T R O A P Y V T
L O U M J A Y Y R R S O V F
S Z S I E P T Ä T I I L S D
E I S O I S Ä N S Ä M A M N
M I Y E A I R K S G R Z H M
```

VELI	VELJENPOIKA
TYTÄR	VELJENTYTÄR
ISOÄITI	SETÄ
LAPSUUS	ISOISÄ
LAPSI	TÄTI
LAPSET	ISÄ
LAPSENLAPSI	ISÄN
POJANPOIKA	STAMFAR
MIES	VAIMO
ÄITI	SISKO

51 - Gebouwen

```
U  L  Ä  H  E  T  Y  S  T  Ö  B  J  B  O
T  M  A  A  T  I  L  A  N  T  P  P  K  B
R  S  U  P  E  R  M  A  R  K  E  T  J  S
Y  W  T  O  H  U  Ö  Z  D  Y  N  B  L  E
M  L  D  E  T  S  K  T  E  L  T  T  A  R
U  U  I  K  H  G  K  F  L  L  T  E  B  V
S  Y  P  O  E  D  I  T  O  I  E  A  O  A
E  R  D  U  P  E  A  A  K  N  H  T  R  T
O  S  F  L  V  I  S  S  U  N  T  T  A  O
F  Z  L  U  E  Z  S  Y  V  A  O  E  T  R
L  C  F  Z  T  U  N  T  A  D  R  R  O  I
J  A  D  P  N  Y  K  Q  O  U  N  I  R  O
T  S  T  A  D  I  O  N  W  R  I  R  I  R
P  A  K  O  H  O  T  E  L  L  I  A  O  A
```

LÄHETYSTÖ	OBSERVATORIO
ELOKUVA	KOULU
MAATILA	LATO
MÖKKI	STADION
TEHDAS	SUPERMARKET
HOTELLI	TELTTA
LINNA	TEATTERI
LABORATORIO	TORNI
MUSEO	YLIOPISTO

52 - Kunst

```
R E H E L L I N E N R M A V
I I L U O D A A S C U O I E
I A F E M C F B I P N N H I
K O O S T U M U S L O I E S
O K T W T E U K S Q U M K T
N S G H V T K Z G C S U J O
S U R R E A L I S M I T O S
Y I O S B T O A T A D K I A
M Z L L T C A H R J Q A P Y
B T C M I E L I A L A I O V
O K E R A A M I N E N N D B
L E N W G I N S P I R E R T
I N G Q K A S E L M S N B U
O G R O V D K U V A T A M A
```

VEISTOS
MONIMUTKAINEN
LUODA
REHELLINEN
INSPIRERT
MIELIALA
KERAAMINEN

AIHE
RUNOUS
KUVATA
KOOSTUMUS
SURREALISMI
SYMBOLI
ILMAISU

53 - Beroepen #1

```
Q M P A N K K I I R I C V O
C E A L M E K A A N I K K O
S T P I L T U Q H M F A T G
P S T P Ä D L H P R J S A E
S Ä E N Ä H T H O P P I N O
Y S E M K I A C D I F A S L
K T K U Ä W S P L K T N S O
O Ä K U R H E I L I J A I G
L J I S I F P A I V M J J I
O Ä R I R F P N C Z C A A A
G E T K B P Ä I M I G J G H
I Q S K F S L S J Y Q A K B
V D L O K A R T O G R A F I
S H M P U T K I M I E S L H
```

ASIANAJAJA	METSÄSTÄJÄ
APTEEKKI	KULTASEPPÄ
URHEILIJA	PUTKIMIES
PANKKIIRI	MEKAANIKKO
KARTOGRAFI	MUUSIKKO
TANSSIJA	PIANISTI
LÄÄKÄRI	PSYKOLOGI
GEOLOGI	HOITAJA

54 - Kastelen

```
P A L A T S I N G S Y P K L
R I T A R I W I U Z W D O O
E Y L I N N O I T U S Y N H
Q M K F B H E V O N E N G I
K P P S A Z Z W R C L A E K
I R M I I P Y H N Y T S R Ä
L I U R S J K I A S T I Ä
P N E U P E A T S F E I K R
I S D R N O L R G M I A E M
P E U Q G U O N V S N T T E
F S F Ø Y D A L T I Ä Z P D
C S M I E K K A Q G N P V H
F A H P A N S S A R I E F L
P R I N S S I J N L Z E N T
```

LOHIKÄÄRME
DYNASTIA
JALO
YKSISARVINEN
FØYDAL
LINNOITUS
PANSSARI
KONGERIKE
KRUUNU
SEINÄ

HEVONEN
PALATSI
PRINSSI
PRINSESSA
RITARI
EMPIRE
KILPI
TORNI
MIEKKA

55 - Insecten

```
P E R H O N E N V R A D M H
H M G T O R A K K A M Z E E
Y A J M U R A S L S P C H I
T T S C R K N P B K I I I N
T O C F L B V E T W A C L Ä
Y Q N T F K S B T S I A Ä S
N N O U E I U M W I N D I I
E S M Q A R Y U E R E A N R
N G M M I V M C D K N V E K
T O U K K A Y I V K O J N K
K I R P P U C Z I A Y I A A
G W J W F Y D E R T Z U G R
S U D E N K O R E N T O B H
M U U R A H A I N E N I E T
```

SIRKKA
MEHILÄINEN
KIRVA
CICADA
HORNET
TORAKKA
TOUKKA
SUDENKORENTO
MUURAHAINEN

KOI
HYTTYNEN
HEINÄSIRKKA
TERMIITTI
PERHONEN
KIRPPU
AMPIAINEN
MATO

56 - Antarctica

```
M A A N T I E D E K W L A G
S Ä I L Y T T Ä M I N E N C
P M E G Y Z L S A V H P M H
N I U K T S A A A I R I H N
E U N U J I H A N N M L M Y
L O Q G T F T R O E I V U M
J C A J V T I E S N N I N P
H Ä H E V I O T A V E S I Ä
H Z Ä S I L I I S B R E E R
E M D N V W C N W H A N M I
N D T F T U T K I J A S I S
L Ä M P Ö T I L A T L I M T
R E T K I K U N T A I R A Ö
T I E T E E L L I N E N A I
```

LAHTI
SÄILYTTÄMINEN
MAANOSA
SAARET
RETKIKUNTA
MAANTIEDE
ISBREER
JÄÄN
MUUTTO
MINERAALI

YMPÄRISTÖ
TUTKIJA
PINGVIINIT
KIVINEN
NIEMIMAA
LÄMPÖTILA
VESI
TIETEELLINEN
PILVI

57 - Ballet

```
I  B  C  Z  W  O  P  R  Y  T  M  I  F  V
K  L  I  H  A  K  S  E  T  L  T  I  N  B
B  O  M  Z  M  Q  S  E  L  E  E  N  D  J
A  R  R  E  Q  D  D  F  M  H  K  I  U  V
L  H  C  E  I  J  L  V  O  L  N  J  S  G
L  W  Y  R  O  K  J  L  Y  R  I  O  Ä  Ö
E  P  Y  T  W  G  Ä  S  F  O  I  R  V  N
R  F  Q  H  J  T  R  S  E  D  K  K  E  P
I  E  F  N  C  C  L  A  P  F  K  E  L  T
N  S  M  A  C  T  K  U  F  K  A  S  T  A
A  M  U  S  I  I  K  K  I  I  O  T  Ä  I
T  A  N  S  S  I  J  A  T  P  A  E  J  T
H  A  R  J  O  I  T  E  L  L  A  R  Ä  O
V  R  H  Y  W  F  T  Y  Y  L  I  I  A  H
```

BALLERINA	HARJOITELLA
KOREOGRAFIA	YLEISÖ
SÄVELTÄJÄ	RYTMI
TANSSIJAT	LIHAKSET
ILMEIKÄS	TYYLI
ELE	TEKNIIKKA
MUSIIKKI	TAITO
ORKESTERI	

58 - Vissen

```
P O D G N L K O U K K U K G
A V E S I A O B E V Ä T E J
I E M K K I R M S T J T T E
N R H B B T I C D Å O M A L
O D K F G T U I Q L K F I L
D R R R U E V S N M I Z W E
C I M W S E W N K O K K I N
C V E N E T T P A D A R H E
G E W R W U O W U I Z T L J
C L B U A O U W S G H W S Ä
R S V Z J N Q L I H A Y R R
H E O L B D T G L E U K A V
S Y Ö T T I E A K T V S Q I
V A L T A M E R I E U P J K
```

SYÖTTI	KORI
LAITTEET	JÄRVI
VENE	VALTAMERI
TÅLMODIGHET	OVERDRIVELSE
PAINO	JOKI
KOUKKU	KAUSI
LEUKA	RANTA
GJELLENE	EVÄT
KOKKI	VESI

59 - Fruit

```
B V D I O V M O M E N A H Z
M A R J A L E L T A M C S O
L V N D O V L A J E O G C U
U O F A B K O K O S N Ø T T
U K L T A W N S K I I V I I
M A Q G N N I I I S L N E T
U D J O S K I T R Y P Ä L E
Q O A U U P E R S I K K A P
O R A N S S I U I Y N V Z Ä
P M O H A M R U K M E F E Ä
H J G S H N W N K A A F I R
V A D E L M A A A N T R L Y
A P R I K O O S I G U R G N
V I I K U N A B J O Y K U Ä
```

APRIKOOSI
ANANAS
OMENA
AVOKADO
BANAANI
MARJA
SITRUUNA
RYPÄLE
VADELMA
KIRSIKKA

KIIVI
KOKOSNØTT
MANGO
MELONI
ORANSSI
PÄÄRYNÄ
PERSIKKA
LUUMU
VIIKUNA

60 - Literatuur

```
P  L  U  Q  M  G  P  Z  P  K  F  H  R  R
M  O  O  L  E  V  R  A  Ä  I  Z  G  S  U
E  P  M  B  Q  D  F  Y  Ä  H  M  K  F  N
T  P  G  R  D  F  I  K  T  I  O  T  A  O
A  U  R  K  E  A  T  E  E  M  A  D  N  L
F  S  V  E  R  T  A  I  L  U  I  E  A  L
O  O  R  R  U  M  G  K  M  T  Y  Y  L  I
R  I  T  K  N  J  U  T  Ä  T  O  P  Y  N
A  N  T  E  O  F  U  U  L  D  V  U  Y  E
C  T  P  Y  K  N  S  L  V  I  A  D  S  N
U  U  A  T  P  I  R  O  M  A  A  N  I  V
Y  E  Z  E  B  E  J  U  J  L  N  U  I  P
K  E  R  T  O  J  A  Ä  V  O  P  U  M  F
L  A  U  S  U  N  T  O  F  G  Z  L  R  I
```

ANALYYSI	RUNOLLINEN
TEKIJÄ	LOPPUSOINTU
PÄÄTELMÄ	RYTMI
DIALOG	ROMAANI
FIKTIOTA	TYYLI
RUNO	TEEMA
LAUSUNTO	VERTAILU
METAFORA	KERTOJA

61 - Technologie

```
T K A M E R A Q I T T E V Q
U U W K O I L Y N U I T I M
R R G T Y C L S T T E T E D
V S M I F P A T E K T C S I
A O C E T O M N R I O B T G
L R F D D K N J N M K J I I
L I E O C A Ä T E U O Q N T
I F F T Y A Y F T S N I J A
S T A V U A T Y W I E C W A
U B L O G I T S E L A I N L
U R T Z V O Ö V I R U S C I
S C V I R T U A A L I N E N
T I E D O S T O D N Q F A E
P T I L A S T O T C F G M N
```

VIESTI
TIEDOSTO
BLOGI
SELAIN
TAVUA
KAMERA
TIETOKONE
KURSORI
DIGITAALINEN

TIEDOT
INTERNET
FONTTI
TUTKIMUS
NÄYTTÖ
TILASTOT
TURVALLISUUS
VIRTUAALINEN
VIRUS

62 - Boeken

```
T  S  K  R  I  F  T  L  I  G  Q  H  A  H
E  E  A  E  U  W  K  E  R  T  O  J  A  T
K  I  K  L  D  N  R  K  V  Y  R  A  O  J
I  K  S  E  S  K  O  N  T  E  K  S  T  I
J  K  I  V  S  I  U  U  R  E  E  T  P  K
Ä  A  N  A  A  S  V  R  S  P  K  R  O  S
R  I  A  A  R  L  S  U  N  P  S  A  H  Z
B  L  I  N  J  A  M  N  R  I  E  A  R  Q
M  U  S  T  A  O  S  O  O  N  L  G  D  Y
E  I  U  I  L  H  Z  D  M  E  I  I  K  V
R  U  U  A  P  N  H  L  A  N  Ä  N  S  P
K  U  S  L  U  K  I  J  A  I  S  E  I  D
K  O  K  O  E  L  M  A  N  E  A  N  H  M
I  D  G  J  H  T  A  R  I  N  A  N  K  A
```

TEKIJÄ	MERKKI
SEIKKAILU	LUKIJA
SIVU	RUNOUS
KOKOELMA	RELEVAANTIA
KONTEKSTI	ROMAANI
KAKSINAISUUS	SARJA
EEPPINEN	TRAAGINEN
RUNO	TARINA
SKRIFTLIG	KERTOJA
KEKSELIÄS	

63 - Meer Informatie

```
J  R  A  M  E  T  K  E  R  P  K  I  S  O
R  O  B  O  T  T  I  L  Ä  L  E  M  A  L
S  R  R  F  E  D  R  O  J  A  M  A  L  T
K  A  E  A  K  Ä  J  K  Ä  N  I  A  A  U
E  A  A  N  N  Ä  A  U  H  E  K  I  P  B
N  K  L  T  O  R  T  V  D  E  A  L  E  H
A  K  I  A  L  I  D  A  Y  T  A  M  R  G
A  E  S  S  O  M  L  Y  S  T  L  A  Ä  A
R  L  T  T  G  M  P  L  S  A  I  U  I  L
I  I  I  I  Ä  E  W  U  T  T  T  N  A
O  P  N  N  A  I  O  V  J  U  O  O  E  K
U  M  E  E  W  N  Z  A  I  S  S  P  N  S
U  D  N  N  T  E  D  K  M  D  Z  I  I  I
Y  O  H  T  Q  N  A  Q  I  H  Q  A  O  A
```

ELOKUVA	ORAAKKELI
KIRJAT	PLANEETTA
KEMIKAALIT	REALISTINEN
DYSTOPIA	ROBOTTI
RÄJÄHDYS	SKENAARIO
ÄÄRIMMÄINEN	GALAKSI
FANTASTINEN	TEKNOLOGIA
ILLUUSIO	UTOPIA
SALAPERÄINEN	MAAILMA

64 - Regenwoud

```
N  R  E  S  P  E  K  T  K  M  T  V  I  I
V  I  I  D  A  K  K  O  Q  M  D  D  E  L
D  E  P  V  R  M  O  B  Y  Y  D  G  K  M
W  R  J  C  V  D  M  H  C  V  S  Y  Y  A
M  P  K  Q  O  N  W  A  Y  P  E  H  L  S
I  N  S  E  K  T  E  R  L  I  N  T  U  T
A  D  C  J  A  M  D  P  W  L  V  E  O  O
I  P  H  Y  S  Q  F  S  F  V  E  I  N  Y
L  A  J  I  T  M  C  U  K  I  G  S  T  Z
C  N  D  U  M  W  V  U  Z  F  T  Ö  O  P
E  N  T  I  S  Ö  I  N  T  I  V  L  I  O
G  S  Ä  I  L  Y  T  T  Ä  M  I  N  E  N
I  Q  B  N  N  Z  A  Q  M  R  S  S  V
S  E  L  V  I  Y  T  Y  M  I  N  E  N  F
```

SÄILYTTÄMINEN	RESPEKT
YHTEISÖ	ENTISÖINTI
INSEKTER	LAJIT
VIIDAKKO	SUUNTA
ILMASTO	LINTU
SAMMAL	ARVOKAS
LUONTO	PILVI
SELVIYTYMINEN	

65 - Haartypes

```
L  G  W  H  K  Z  V  K  R  S  S  J  I  M
T  Y  Y  P  I  T  K  Ä  U  I  C  O  D  T
M  F  H  O  P  E  A  S  S  N  K  B  H  K
E  Y  P  Y  R  V  L  U  K  U  I  V  A  I
O  C  G  O  T  N  J  P  E  I  H  A  R  H
P  U  N  O  T  T  U  E  A  J  A  A  M  A
V  A  A  L  E  A  O  H  U  T  R  L  A  R
O  D  K  P  F  H  E  M  Y  E  A  T  A  A
O  M  U  S  T  A  N  E  C  R  T  O  M  C
C  S  K  Z  U  Q  D  Ä  F  V  D  I  J  Q
V  A  L  K  O  I  N  E  N  E  A  L  N  W
K  I  I  L  T  Ä  V  Ä  O  Z  B  E  J  F
W  S  T  K  Q  Q  D  P  N  I  R  V  D  A
V  Ä  R  I  L  L  I  N  E  N  E  A  N  N
```

VAALEA	HARMAA
RUSKEA	KALJU
PAKSU	LYHYT
KUIVA	KIHARAT
OHUT	KIHARA
VÄRILLINEN	PITKÄ
PUNOTTU	VALKOINEN
TERVE	PEHMEÄ
KIILTÄVÄ	HOPEA
AALTOILEVA	MUSTA

66 - Stad

```
L E M L E I P O M O R V E F
G Y J A M U S E O F A O C A
H S H E R N H J B F V K Z A
O U U L W K S T A D I O N P
T P S Ä V L K T U R N U E T
E E G I L Z S I N N T L L E
L R A N H M D J N J O U O E
L M L T F R L C F A L U K K
I A L A T J P B B H A M U K
P R E R J E P A N K K I V I
E K R H K I R J A S T O A T
O E I A V Y L I O P I S T O
O T A K I R J A K A U P P A
K A U P P A K L I N I K K A
```

APTEEKKI	MARKKINA
LEIPOMO	MUSEO
PANKKI	RAVINTOLA
KIRJASTO	KOULU
ELOKUVA	STADION
KIRJAKAUPPA	SUPERMARKET
ELÄINTARHA	TEATTERI
GALLERIA	YLIOPISTO
HOTELLI	KAUPPA
KLINIKKA	

67 - Natuur

```
L Y E A O J L I G P S P G V
W Y R A R F S D V Q U Y P I
B I O V A K A L L I O H K L
Y Z O I U K T I D N J Ä A L
P Z S K H Z F I Y F A K U I
D G I K A F R A N M M K N T
L V O O L H C Y A E Q Ö E Ä
J O K I L A A C A T N C U R
J Ä Ä T I K K Ö M S E L S K
U Y J L N Y R I I Ä U C N E
U J L H E N V V N U L M Z Ä
K G L Z N V U V E E D H U M
L E H T I E N F N P I L V I
W J G E L Ä I M E T P M W M
```

ARKTINEN
METSÄ
ELÄIMET
DYNAAMINEN
EROOSIO
LEHTIEN
JÄÄTIKKÖ
PYHÄKKÖ
KALLIO

SUMU
JOKI
KAUNEUS
SUOJA
RAUHALLINEN
TÄRKEÄ
VILLI
AAVIKKO
PILVI

68 - Dinosaurussen

```
L G H D V F S M M A A K J F
I Q W A A P P A A F A Y Q U
K W H W L D Y M T A V O S R
A L Ä P T O R M E R O G G U
S J I T A M S U L A J I T D
V I J H V A T T I R T T L A
I O Y O A J Ö T J B N D Y E
N Q I O W N F I A I N Y C O
S O B M F O S S I I L I T R
Y A K O A H L Y S U U R I A
Ö L A R F K I W Ö J E V K P
J Z D L U C A Q Y J Y I O T
Ä G D H I K C S H T Ä Z K O
Q O J M K S S I I V E T O R
```

MAA	MAMMUTTI
LIHANSYÖJÄ	SAALIS
VALTAVA	MATELIJA
FOSSIILIT	RAPTOR
SUURI	LAJIT
KOKO	PYRSTÖ
KASVINSYÖJÄ	HÄIJY
VOIMAKAS	SIIVET

69 - Zoogdieren

```
K  I  R  A  H  V  I  K  D  I  K  K  V  L
K  A  P  I  N  A  R  J  I  A  T  Q  U  J
E  J  N  I  V  G  G  S  R  S  J  R  O  H
N  L  E  I  J  O  N  A  L  K  S  B  H  Ä
G  K  O  J  O  O  T  T  I  U  U  A  I  R
U  V  I  K  D  Q  D  O  U  V  S  V  H  K
R  E  E  I  O  K  A  M  E  L  I  N  F  Ä
U  C  N  S  Z  I  P  A  N  T  T  E  R  I
V  A  L  A  S  A  R  I  G  D  P  T  D  V
U  W  I  Q  Q  A  K  A  G  D  Z  V  Y  J
V  W  K  G  K  S  D  E  L  F  I  I  N  I
N  O  R  S  U  I  H  E  V  O  N  E  N  E
I  Z  A  G  G  O  R  I  L  L  A  U  L  P
T  V  Y  P  D  B  K  E  T  T  U  D  C  C
```

APINA	KISSA
KOJOOTTI	KANI
DELFIINI	LEIJONA
AASI	NORSU
VUOHI	HEVONEN
KIRAHVI	PANTTERI
GORILLA	HÄRKÄ
KOIRA	KETTU
KAMELI	VALAS
KENGURU	SUSI

70 - 1 Jaar Geleden

```
V V I I S A S U O H H T A T
I P L U O T E T T A V A N E
E N R W Z U V E P U E I T H
H T T A T N L L P S Y T E O
Ä R U O K R G I Y K R E L K
T T B L H T E A O A A E I A
T H Z Z V I I S G I T L A S
Ä R Y M S U M S W C K L S R
V G U V T S G O K G A I R F
Ä N Y W Ä C Y V I L I N F V
P U H D A S M K V N S E A J
Ä L Y K Ä S T Y Q W E N P S
P O T I L A S Z U W V N K R
V A A T I M A T O N A T P F
```

TAITEELLINEN	HAUSKA
VAATIMATON	ANTELIAS
RATKAISEVA	ÄLYKÄS
LUOTETTAVA	UTELIAS
VIEHÄTTÄVÄ	POTILAS
TEHOKAS	PRAKTISK
INTOHIMOINEN	PUHDAS
HYVÄ	VIISAS

71 - Kampioenschap

```
C Z G C A M K T E Y G H S V
V C H T N I C H S F Q R T O
L A P U W T V L I I G A R I
S J L O R A F K T N C L A T
P G N M C L Q M Y A R O T T
I Y K A E I O E S L Y I E O
T N U R J N J S H I K I G I
K E Q I E M T T G S D E I T
D T M O T I V A A T I O A U
Z E J T I R E R J I T V Q R
H D A I L P O I S A L J R N
P E L I T U R H E I L U G A
A L Q M M E S T A R U U S U
P Z N I P W T W A T P I B S
```

FINALISTI
PELIT
MESTARI
MESTARUUS
LIIGA
MITALI
MOTIVAATIO
ESITYS

TUOMARI
URHEILU
STRATEGIA
TIIMI
TURNAUS
VALMENTAJA
HIKI
VOITTO

72 - Exploratie

```
B  C  A  C  N  R  W  U  K  W  N  E  M  P
T  O  I  M  I  N  T  A  U  A  U  L  A  Ä
Q  Z  R  J  G  L  C  Y  H  S  B  Ä  T  Ä
T  U  N  T  E  M  A  T  O  N  I  I  K  T
H  G  W  K  G  V  Q  O  J  V  H  M  U  T
K  M  F  O  V  I  F  A  Ä  P  F  E  S  Ä
V  A  A  R  A  L  L  I  N  E  N  T  T  V
U  A  U  K  A  L  R  T  N  O  R  H  A  Ä
U  Z  I  K  R  I  O  T  I  P  W  Z  A  I
P  J  J  H  A  J  Y  I  T  P  S  U  L  S
U  Q  L  Z  T  I  G  L  Y  I  F  I  W  Y
M  L  Ö  Y  T  Ö  N  A  S  A  P  R  V  Y
U  E  S  R  O  H  K  E  U  T  T  A  N  S
S  Y  M  T  Q  M  C  A  N  K  I  E  L  I
```

TOIMINTA	LÖYTÖ
PÄÄTTÄVÄISYYS	JÄNNITYS
ELÄIMET	MATKUSTAA
VAARALLINEN	TILA
VAARAT	KIELI
OPPIA	MAA
ROHKEUTTA	UUPUMUS
UUSI	KAUKAINEN
TUNTEMATON	VILLI

73 - Voertuigen

```
N  V  O  R  B  F  Z  Q  L  K  G  Q  F  H
M  E  T  R  O  D  E  G  E  P  D  D  F  E
K  N  A  M  B  U  L  A  N  S  S  I  G  L
T  E  G  K  O  U  L  U  T  T  A  A  H  I
T  N  K  G  A  C  M  S  O  S  R  D  Q  K
W  U  L  U  T  N  J  O  K  M  V  N  M  O
V  L  N  K  U  R  S  C  O  O  T  E  R  P
S  A  O  R  Q  S  A  Y  N  O  D  Y  E  T
B  U  R  F  E  R  A  K  E  T  T  I  N  E
U  T  K  E  R  L  U  E  T  T  S  D  K  R
S  T  I  K  B  A  T  E  C  O  C  Y  A  I
S  A  K  G  U  I  O  M  M  R  R  N  A  A
I  V  W  J  V  L  L  J  T  I  T  I  T  Y
T  A  K  S  I  M  A  F  M  T  J  D  O  M
```

AMBULANSSI	RAKETTI
AUTO	SCOOTER
RENKAAT	SUKKULA
VAREBIL	TAKSI
VENE	TRAKTORI
BUSSI	KOULUTTAA
HELIKOPTERI	LAUTTA
METRO	LENTOKONE
MOOTTORI	

74 - Geografie

```
L P M A A N O S A L U E Y E
M Ä N A M K A R T T A I V T
G I N H A L V K U L E S U E
Z V Z S A S M H T F H P F L
C Ä Q W I O S S A A R I C Ä
R N T I L N C A A T L A S R
K T F E M V A L T A M E R I
O A D B A R R U G S C R Y Y
R S U L E V E Y S A S T E I
K A V P O H J O I N E N K U
E A U J U M E R I Y Y O G Z
U J O K I N Y K Q D A E H M
S A R T G I K O F R M G N S
A G I B M E R I D I A A N I
```

ATLAS
VUORI
LEVEYSASTE
MAANOSA
SAARI
PÄIVÄNTASAAJA
HALVKULE
KORKEUS
KARTTA
MAASSA

MERIDIAANI
POHJOINEN
VALTAMERI
ALUE
JOKI
KAUPUNKI
MAAILMA
LÄNSI
MERI
ETELÄ

75 - Kunstbenodigdheden

```
A K R Y Y L I L I I M A I L
K A M E R A P M U S A V I M
V E S I D R H A M O E M C M
A O K M I S M A P A V W S H
R R Z V G K Z L H E A U M T
E I D E O I T A A M R L U H
L S Z Ö P F U U R U H I I S
L O E L I T O S J S O I U T
I A S J Q U L T A T H Q K V
T L K Y N Ä I E T E V Ä R I
O O D I E F L L P Ö Y T Ä C
B J G U D L G I J A Y I H E
I Z E T A K S N Y D W D V O
V J S P Y Y H E K U M I D C
```

AKRYYLI	VÄRI
AKVARELLIT	LIIMA
HARJAT	ÖLJY
KAMERA	PAPERI
LUOVUUS	KYNÄ
MAALAUSTELINE	TUOLI
PYYHEKUMI	PÖYTÄ
IDEOITA	MAALIT
MUSTE	VESI
SAVI	

76 - Barbecues

```
T O E H J T F O B W K T K N
V O B L O I B O O O M E I D
I H M K A S T I K E B O S M
I Z I A H S A L A A T I T Ä
K U U M A S L M A M N I S L
N R S V S T H O A J F L P O
Ä H U K I F I G R I L L I U
L E O T P H K T K P O A P N
K D L R U G A F L E R L P A
Ä E A Z L Y Z N G R W L U S
D L G O I Q H J N H M I R P
S M U S I I K K I E Q N I N
R Ä K A N A V E I T S E T F
K U T S U Q U S L E I N J J
```

ILLALLINEN
PERHE
HEDELMÄ
GRILLI
VIHANNES
KUUMA
NÄLKÄ
KANA
LOUNAS
VEITSET

MUSIIKKI
PIPPURI
SALAATIT
KASTIKE
TOMAATIT
SIPULI
KUTSU
GAFLER
KESÄ
SUOLA

77 - Wetenschappelijke Discip

```
S O S I O L O G I A K T N M
F A N A T O M I A P A Ä E I
I Y R K H H I O P S S H U N
Q E S K E B U G G Y V T R E
E G Q I E M A M E K I I O R
I T H F O O I I O T T L A
W W H T H L L A L L I I O L
W H Z V L A O O O O E E G O
E H Q T G P I G G G D D I G
B I O L O G I A I I E E A I
D B I O K E M I A A A E Z A
R O B O T I I K K A L Z P I
R A V I T S E M U S Q P I Q
E K O L O G I A L B E C W M
```

ANATOMIA	GEOLOGIA
ARKEOLOGIA	MINERALOGIA
TÄHTITIEDE	NEUROLOGIA
BIOKEMIA	KASVITIEDE
BIOLOGIA	PSYKOLOGIA
KEMIA	ROBOTIIKKA
EKOLOGIA	SOSIOLOGIA
FYSIOLOGIA	RAVITSEMUS

78 - Bijvoeglijke Naamwoorden

```
B  N  W  K  U  C  T  U  V  I  L  L  I  L
N  N  I  G  U  N  U  E  P  N  Y  A  Z  U
R  Z  T  E  R  V  E  K  I  O  L  H  U  O
T  T  U  O  R  E  A  L  P  R  P  J  U  N
V  U  V  D  B  P  I  U  I  M  E  A  S  N
A  H  O  D  M  U  T  C  S  A  Ä  K  I  O
H  B  T  T  M  H  O  M  N  A  S  A  G  L
V  Y  K  Z  T  D  K  R  C  L  B  S  W  L
A  D  R  A  M  A  A  T  T  I  N  E  N  I
L  U  O  V  A  S  V  Ä  S  Y  N  Y  T  N
N  W  U  B  J  M  Z  A  M  C  W  Q  P  E
V  A  S  T  U  U  L  L  I  N  E  N  V  N
S  U  O  L  A  I  N  E  N  H  E  T  S  N
N  Ä  L  K  Ä  I  N  E  N  I  D  J  N  O
```

AITO	NORMAALI
LAHJAKAS	TUOTTAVA
KUVAUS	UNELIAS
LUOVA	VAHVA
DRAMAATTINEN	YLPEÄ
TERVE	VASTUULLINEN
NÄLKÄINEN	TUORE
VÄSYNYT	VILLI
LUONNOLLINEN	SUOLAINEN
UUSI	PUHDAS

79 - Kleding

```
I  Y  K  I  O  B  V  K  M  P  H  E  L  Q
R  G  F  E  K  A  R  Ä  E  M  A  S  G  R
Y  L  T  U  N  T  S  S  K  S  M  I  H  F
L  D  V  O  S  K  V  I  K  H  E  L  T  W
F  A  R  K  U  T  Ä  N  O  S  I  I  P  A
V  R  K  B  K  Z  J  E  P  Y  U  I  Y  S
S  M  P  V  A  Q  F  E  M  P  G  N  J  A
M  B  A  C  T  H  A  T  T  U  G  A  A  N
E  Å  T  O  M  O  V  Y  Ö  S  O  L  M  D
K  N  W  Z  F  U  V  K  F  E  M  T  A  A
R  D  Y  K  H  S  W  Y  B  R  Y  Y  I  A
H  U  I  V  I  U  Z  E  T  O  A  N  F  L
B  E  G  J  C  T  T  A  K  K  I  G  V  I
K  A  U  L  A  K  O  R  U  S  T  G  F  T
```

ARMBÅND	PYJAMA
PUSERO	VYÖ
HOUSUT	HAME
KÄSINEET	SANDAALIT
HATTU	KENKÄ
TAKKI	ESILIINA
FARKUT	PAITA
MEKKO	HUIVI
KAULAKORU	SUKAT
MUOTI	

80 - Vliegtuigen

```
P O L T T O A I N E I P E E
H I S T O R I A T U Y U U O
B P L T I L M A P A L L O L
Q S A O T Z M I E H I S T Ö
H C S L T K M Q W B U V M J
R A K E N T A M I N E N A V
F C U E O U I V E T Y H T S
T U R B U L E N S S I F K U
N A V I G O I D A S D Q U U
P F T J Y A K O R K E U S N
M O O T T O R I I Z P B T T
S E I K K A I L U L G N A A
U T F O R M I N G U M V J T
I L M A I N E N F K U A A W
```

ILMAINEN
SEIKKAILU
ILMAPALLO
MIEHISTÖ
RAKENTAMINEN
POLTTOAINE
HISTORIA
TAIVAS
KORKEUS
LASKU

ILMA
MOOTTORI
NAVIGOIDA
UTFORMING
MATKUSTAJA
PILOTTI
SUUNTA
TURBULENSSI
VETY

81 - Herbalisme

```
P  L  G  I  O  L  R  K  U  K  K  A  P  L
U  A  M  E  D  T  A  O  R  E  G  A  N  O
U  V  P  P  G  J  K  A  D  B  V  I  R  K
T  E  P  I  U  F  U  Z  T  G  N  N  O  P
A  N  Q  J  T  Y  U  N  W  U  U  E  S  K
R  T  N  T  A  H  N  M  F  T  K  S  M  P
H  E  T  I  M  J  A  M  I  H  H  O  A  E
A  L  P  B  A  S  I  L  I  K  A  S  R  R
U  I  T  I  L  L  I  M  A  V  I  A  I  S
A  R  O  M  A  A  T  T  I  N  E  N  I  I
M  E  I  R  A  M  I  M  A  K  U  D  N  L
M  A  U  S  T  E  S  A  H  R  A  M  I  J
D  M  Z  V  I  H  R  E  Ä  E  J  R  B  A
K  U  L  I  N  A  A  R  I  N  E  N  Z  Q
```

AROMAATTINEN	LAVENTELI
BASILIKA	MEIRAMI
KUKKA	OREGANO
KULINAARINEN	PERSILJA
TILLI	ROSMARIINI
RAKUUNA	MAUSTESAHRAMI
VIHREÄ	MAKU
AINESOSA	TIMJAMI
LAATU	PUUTARHA

82 - Meubels

```
T  Y  Ö  P  Ö  Y  T  Ä  K  U  S  A  D  B
R  I  I  P  P  U  M  A  T  T  O  Y  V  D
W  S  Ä  N  K  Y  C  M  U  R  B  O  U  F
K  W  A  V  O  B  N  H  B  G  G  P  O  O
N  I  Q  P  T  J  V  E  R  H  O  T  W  Z
T  J  R  V  B  D  A  L  A  M  P  P  U  Z
Y  Y  S  J  I  E  C  T  P  E  I  L  I  Z
Y  C  Y  Y  A  A  K  F  U  T  O  N  T  O
N  P  E  N  Q  H  L  R  Z  O  R  E  R  K
Y  E  Y  D  Y  Y  P  F  L  L  S  J  A
T  I  O  A  P  L  Q  L  Y  D  K  I  Z  I
M  A  T  T  O  L  H  I  L  T  U  O  L  I
Y  T  M  H  J  Y  O  G  R  Y  W  O  K  C
S  I  E  P  A  T  J  A  P  E  N  K  K  I
```

PENKKI
SÄNKY
KIRJAHYLLY
TYÖPÖYTÄ
NOJATUOLI
FUTON
VERHOT
RIIPPUMATTO

TYYNY
TYYNYT
LAMPPU
PATJA
HYLLYT
PEILI
TUOLI
MATTO

83 - Piraten

```
V H S E I K K A I L U E I P
A C U O L Q U L U O L A D A
L J J O T S L R P V U P O P
T T A R N B T R S T Q O H U
A B T K C O A A R P I I Q K
M L I P P U N N J P N Z M A
E H L I K A P T E E N I I I
R V A A R A N A L J V S E J
I K A R T T A K Q T Z A H A
L E G E N D A A K B S A I A
P M I E K K A A W U K R S I
A P J O C Q Z R N D R I T V
L Z L P E N R R K E R I Ö I
R O M M I Z W E O O Q N Z C
```

ANKKURI
SEIKKAILU
MIEHISTÖ
SAARI
VAARA
KULTA
LUOLA
KARTTA
KAPTEENI
LEGENDA

ARPI
VALTAMERI
PAPUKAIJA
ROMMI
AARRE
HUONO
RANTA
LIPPU
MIEKKA

84 - Surfen

```
S  V  A  H  V  U  U  S  M  S  K  N  G  S
Ä  U  A  A  L  O  I  T  T  E  L  I  J  A
Ä  U  O  L  K  S  K  S  M  I  T  N  R  Q
D  H  P  S  T  V  V  N  Q  K  P  B  H  N
H  T  V  G  I  A  J  O  U  K  K  O  J  A
C  L  I  M  T  T  M  P  E  Q  J  L  G  J
Z  R  T  E  P  S  T  E  H  G  C  D  L  J
H  A  U  S  K  A  A  U  R  A  N  T  A  V
Q  A  L  T  W  G  T  S  R  I  U  T  T  A
N  L  M  A  O  E  Y  Y  K  Q  K  T  O  A
P  T  S  R  Q  T  B  V  Y  I  M  P  R  H
U  O  V  I  U  R  H  E  I  L  I  J  A  T
K  T  I  P  Z  Z  E  H  G  Y  I  H  B  O
Ä  Ä  R  I  M  M  Ä  I  N  E  N  F  C  W
```

URHEILIJA	HAUSKAA
ALOITTELIJA	SUOSITTU
ÄÄRIMMÄINEN	RIUTTA
AALTO	VAAHTO
MESTARI	NOPEUS
VAHVUUS	TYYLI
VATSA	RANTA
JOUKKOJA	SÄÄ
VALTAMERI	

85 - Rijden

```
K  J  A  L  A  N  K  U  L  K  I  J  A  S
L  A  K  B  A  U  E  W  W  A  C  E  N  Z
I  T  T  O  U  P  T  M  R  R  Z  N  R  E
I  U  I  U  T  O  M  O  O  T  T  O  R  I
K  N  V  Z  O  L  Q  P  L  T  T  J  L  N
E  N  K  I  T  T  C  A  O  A  I  Q  I  O
N  E  U  R  A  T  S  P  O  L  E  I  S  P
N  L  K  Z  L  O  J  Z  B  J  I  L  E  E
E  I  A  Z  L  A  D  K  Q  D  J  I  N  U
F  W  H  E  I  I  Z  O  K  F  A  A  S  S
O  Y  Y  P  Q  N  S  V  A  A  R  A  S  I
H  N  D  W  F  E  Z  Z  A  J  R  Q  I  C
T  U  R  V  A  L  L  I  S  U  U  S  U  T
E  U  F  A  D  S  T  F  U  O  T  N  L  F
```

AUTO	JARRUT
POLTTOAINE	NOPEUS
AUTOTALLI	KATU
KAASU	TUNNELI
VAARA	TURVALLISUUS
KARTTA	LIIKENNE
LISENSSI	JALANKULKIJA
MOOTTORI	KUKA
POLIISI	TIE

86 - Wetenschap

```
I  I  E  V  O  L  U  U  T  I  O  G  D  F
L  T  O  S  I  A  S  I  A  D  Z  E  K  Y
M  F  O  S  S  I  I  L  I  P  T  E  B  S
A  K  G  C  H  M  I  N  E  R  A  A  L  I
S  B  O  A  M  Y  U  E  B  P  T  J  U  I
T  L  W  E  G  H  P  D  E  T  O  E  O  K
O  K  Q  S  C  T  M  O  S  R  M  F  N  K
H  A  V  A  I  N  T  O  T  Z  I  L  T  A
T  I  E  D  E  M  I  E  S  E  A  N  O  F
O  R  G  A  N  I  S  M  I  P  E  D  T  K
T  I  E  D  O  T  C  H  I  U  K  S  E  T
K  E  M  I  A  L  L  I  N  E  N  J  I  K
R  J  G  Y  M  O  L  E  K  Y  Y  L  I  H
L  A  B  O  R  A  T  O  R  I  O  S  E  K
```

ATOMI	ILMASTO
KEMIALLINEN	LABORATORIO
HIUKSET	MINERAALI
EVOLUUTIO	MOLEKYYLI
KOE	LUONTO
TOSIASIA	FYSIIKKA
FOSSIILI	HAVAINTO
TIEDOT	ORGANISMI
HYPOTEESI	TIEDEMIES

87 - Badkamer

```
E  Y  J  V  E  Q  C  H  U  K  Y  L  P  Y
E  S  U  I  H  K  U  A  P  U  V  Y  D  S
Q  M  A  T  T  O  C  J  V  P  Z  E  L  L
Q  P  F  K  N  F  O  U  Z  L  L  L  S  F
S  Y  U  I  S  F  D  V  I  I  R  U  N  I
H  Y  G  H  G  E  L  E  I  A  K  V  F  V
Ö  H  P  G  I  Y  T  S  N  T  R  F  S  E
Y  E  E  S  C  J  S  I  H  A  N  A  F  L
R  F  I  H  K  E  A  S  I  B  N  Z  T  R
Y  V  L  A  U  P  I  I  L  Z  C  K  D  B
G  A  I  M  E  C  P  E  V  M  G  U  H  Q
N  H  A  P  B  K  P  N  V  O  I  D  E  D
W  C  F  O  Q  N  U  I  Q  L  P  W  R  Z
L  O  J  O  R  S  A  L  N  Y  R  V  L  M
```

KYLPY	SHAMPOO
KUPLIA	PEILI
SUIHKU	SIENI
PYYHE	HÖYRY
HANA	MATTO
VOIDE	VESI
HAJUVESI	WC
SAKSET	SAIPPUA

88 - Speelgoed

```
M  A  A  L  I  T  J  K  F  R  Y  I  O  P
Z  I  H  P  A  L  L  O  N  U  K  K  E  O
V  Z  E  E  C  O  A  F  U  M  P  P  Y  L
B  D  Q  L  V  E  N  E  E  M  A  N  Z  K
S  A  V  I  I  D  R  M  M  U  L  A  L  U
K  L  K  T  S  K  E  F  N  T  A  P  E  P
H  O  Y  I  R  J  U  Y  L  K  P  P  N  Y
P  R  U  E  R  N  L  V  E  N  E  E  T  Ö
H  G  V  L  R  J  I  J  I  C  L  O  O  R
A  U  T  O  U  H  A  Y  J  T  I  V  K  Ä
O  C  Q  Z  Y  T  I  T  A  K  U  W  O  V
R  Z  Z  M  W  J  T  J  O  U  G  S  N  H
R  O  B  O  T  T  I  A  I  K  Y  R  E  L
S  H  A  K  K  I  J  V  A  A  F  D  M  R
```

VENEET	PALAPELI
AUTO	ROBOTTI
PALLO	SHAKKI
KIRJAT	KOULUTTAA
VENE	MIELIKUVITUS
RUMMUT	MAALIT
POLKUPYÖRÄ	LEIJA
PELIT	LENTOKONE
SAVI	KUKA
NUKKE	

89 - Muziekinstrumenten

B	W	K	L	A	R	I	N	E	T	T	I	E	T
K	I	T	A	R	A	B	U	F	T	D	V	H	D
F	Y	R	C	B	C	M	A	R	I	M	B	A	D
A	S	A	K	S	O	F	O	N	I	L	S	N	B
G	O	N	G	W	K	Q	H	V	J	Z	K	D	E
O	O	N	H	G	C	D	A	W	D	O	M	C	A
T	G	V	I	U	L	U	R	B	U	L	Z	Z	D
T	L	R	O	A	I	Y	P	Z	Q	Y	E	J	S
I	E	S	D	R	P	L	P	A	S	U	U	N	A
G	R	R	E	R	T	R	U	M	P	E	T	T	I
H	U	U	L	I	H	A	R	P	P	U	L	D	G
T	I	T	A	M	B	U	R	I	I	N	I	L	R
P	I	A	N	O	B	O	E	R	U	M	P	U	O
M	A	N	D	O	L	I	I	N	I	K	N	K	M

BANJO
SELLO
FAGOTTI
HUILU
KITARA
GONG
HARPPU
OBOE
KLARINETTI
MANDOLIINI

MARIMBA
HUULIHARPPU
PIANO
SAKSOFONI
TAMBURIINI
PASUUNA
RUMPU
TRUMPETTI
VIULU

90 - Activiteiten en Vrije Ti

```
H  B  N  B  F  T  K  T  D  J  G  V  J  E
A  S  Y  A  M  E  O  K  A  M  V  O  A  K
R  U  R  S  Y  N  R  A  F  I  W  J  L  M
R  H  K  E  C  N  I  L  M  U  D  Z  K  F
A  F  K  B  D  I  P  A  A  I  E  E  A  Y
S  B  E  A  O  S  A  S  T  M  T  C  P  M
T  K  I  L  P  A  L  T  K  A  Z  G  A  E
U  U  L  L  E  A  L  U  U  P  Q  P  L  F
K  K  Y  E  Q  N  O  S  S  O  W  O  L  R
S  V  A  E  L  L  U  S  T  W  V  C  O  K
E  E  M  F  N  T  E  M  A  A  L  A  U  S
T  O  I  R  E  P  Q  C  A  M  P  I  N  G
A  N  Q  Q  S  U  K  E  L  L  U  S  C  L
L  E  N  T  O  P  A  L  L  O  U  Z  F  J
```

KORIPALLO	KILPA
NYRKKEILY	MATKUSTAA
SUKELLUS	MAALAUS
GOLF	TENNIS
KALASTUS	JALKAPALLO
HARRASTUKSET	LENTOPALLO
BASEBALL	VAELLUS
CAMPING	UIMA
TAIDE	

91 - Water

```
K T H A I H T U M I N E N K
B A U H Ö Y R Y I H K H N O
L A N L P A K K A N E N S S
S L O A V W C D D H J P K T
W T A V V A A M Z V Ä R Z E
M O S V A A U R V P Ä P S U
E O H U R R I K A A N I A S
M Y N P N U U J L L N Y D U
G E Y S I R I Ä T L H P E I
J V M E U D M R A U K C N H
O S U A M U W V M M D H O K
K O S T E A N I E I G Z L U
I U W G L Q T I R A G U W T
K A S T E L U E I B F N E E
```

SUIHKU	TULVA
GEYSIR	SADE
AALTO	JOKI
JÄÄN	LUMI
KASTELU	HÖYRY
KANAVA	HAIHTUMINEN
JÄRVI	KOSTEA
MONSUUNI	KOSTEUS
VALTAMERI	PAKKANEN
HURRIKAANI	

92 - Schaken

```
P D I A G O N A A L I N E N
E P A S S I I V I N E N J K
L T U R N A U S J S B A H I
A K U N I N G A S U V W F L
A B U V A S T U S T A J A P
J V O N I K K O U Z L J S A
A H N H I N N P O H K M Ä I
Y I G A J N P P K Q O C Ä L
S T R A T E G I A C I P N U
J F F S A P M A M I N E N H
M H Z T A I K A T V E L Ö R
F V M E S T A R I A N I T A
G E J E M U S T A C R H V T
K Y B T Z H S L C O S E V A
```

DIAGONAALINEN
MESTARI
KUNINGAS
KUNINGATAR
OPPIA
UHRATA
PASSIIVINEN
SÄÄNNÖT
PELI

PELAAJA
STRATEGIA
VASTUSTAJA
AIKA
TURNAUS
HAASTEET
KILPAILU
VALKOINEN
MUSTA

93 - Boerderij #1

```
F  H  E  H  M  T  A  H  E  I  N  Ä  A  K
R  Y  G  B  Y  I  M  U  M  B  E  A  D  I
V  M  V  P  U  L  A  N  N  O  I  T  E  S
H  E  V  O  N  E  N  A  D  O  P  F  U  S
K  K  S  V  K  H  S  J  J  S  E  I  U  A
O  V  O  I  E  M  R  A  C  C  I  V  W  O
I  Z  U  N  U  Ä  G  V  K  E  N  T  T  Ä
R  T  R  O  C  K  P  P  A  R  V  I  G  F
A  A  S  I  H  W  O  D  N  R  R  K  U  O
N  Q  A  F  L  I  D  V  A  S  I  K  K  A
M  E  H  I  L  Ä  I  N  E  N  I  S  T  N
K  B  M  A  A  T  A  L  O  U  S  C  J  A
A  M  B  A  I  T  A  Q  K  H  I  T  O  V
S  I  E  M  E  N  E  T  Z  P  V  A  O  P
```

MEHILÄINEN	LEHMÄ
AASI	VARIS
VUOHI	PARVI
AITA	MAATALOUS
KOIRA	LANNOITE
HUNAJA	HEVONEN
HEINÄ	RIISI
VASIKKA	KENTTÄ
KISSA	VESI
KANA	SIEMENET

94 - Huis

```
S H T A N F H M M O A S O S
P U U T A R H A A N U A V U
Z O E I A M R I T H T V I I
O N C O W K U T T U O U U H
S E I N Ä T K A O O T P L K
L D P E I L I A V N A I L U
M A K U U H U O N E L I A L
Z O E I C F L Q G K L P K O
F H L A R R S E D A I P K R
L E L H K J E U G L O U O F
U W A C V A A B A U C M O F
U S R H P B T S L A M P P U
T K I P V A L T T G C V A U
A K E I T T I Ö O O Y H A M
```

LUUTA
KIRJASTO
KATTO
OVI
SUIHKU
AUTOTALLI
TAKKA
AITA
HUONE
KELLARI

KEITTIÖ
LAMPPU
HUONEKALU
SEINÄ
SAVUPIIPPU
MAKUUHUONE
PEILI
MATTO
PUUTARHA
ULLAKKO

95 - Kleuren

```
J U P O F V D Q W J F S M L
Y I H W O R A N S S I D A A
Y H E B Z C S L Q Y H S G M
F A A E J C N J K L M Y E S
S I N I N E N I L O Q A N T
R F O M J J L T K B I A T B
A U B E I G E N O D O N A P
V K S I V I O L E T T I E U
F S T K N V I H R E Ä G B N
T I L P E D M J F M U S T A
H A R M A A I R O M I N S I
F B J N E M F G I M R E R N
S E E P I A A H O N R F I E
K E L T A I N E N G V B F N
```

BEIGE	INDIGO
SININEN	MAGENTA
RUSKEA	ORANSSI
SYAANI	VIOLETTI
FUKSIA	PUNAINEN
KELTAINEN	SEEPIA
HARMAA	VALKOINEN
VIHREÄ	MUSTA

96 - Verjaardag

```
H  A  U  S  K  A  A  N  W  F  O  K  O  J
Z  G  Q  I  F  Y  S  T  Ä  V  Ä  U  N  U
Z  Z  M  L  P  W  N  L  B  D  A  T  N  H
P  Z  L  O  T  S  U  T  A  C  E  S  E  L
U  N  A  I  K  A  O  F  T  U  J  U  L  A
V  O  H  N  B  R  R  V  P  I  L  T  L  T
K  Z  J  E  V  Q  I  Z  Z  G  L  U  I  K
Y  L  A  N  B  Q  K  A  K  K  U  Ä  N  O
S  Y  N  T  Y  N  Y  T  I  D  M  N  E  R
S  P  E  S  I  E  L  L  K  R  M  I  N  T
P  Ä  I  V  Ä  K  A  L  E  N  T  E  R  I
N  V  U  O  S  I  V  I  I  S  A  U  S  T
S  M  B  P  U  A  O  F  W  T  R  K  F  P
V  A  N  H  E  M  P  I  L  Z  A  C  E  Q
```

ILOINEN	KALENTERI
KAKKU	LAULU
PÄIVÄ	VANHEMPI
SYNTYNYT	HAUSKAA
ONNELLINEN	SPESIELL
LAHJA	AIKA
VUOSI	KUTSUT
NUORI	JUHLA
KYNTTILÄ	YSTÄVÄ
KORTIT	VIISAUS

97 - Getallen

```
N K N Y H D E K S Ä N K K D
N U E F J K H A V N Y A U R
M U L E P A G H I E K K U F
Y S J W Z K K D I L O S S R
D I Ä T O S O E S J L I I I
V E C I U I L K I Ä M K T W
J I S H P D M S T T E Y O K
D V I I C W E A O O T M I Y
E J G S M V F N I I O M S M
U G K Z I A S O S S I E T M
V D G A W G A L T T S N A E
H J M S I J A L A A T T D N
Q A J S V I Z A I W A Ä Z E
M A T E M A T I I K K A V N
```

KAHDEKSAN	KAKSIKYMMENTÄ
DESIMAALI	NELJÄTOISTA
KOLMETOISTA	NELJÄ
KOLME	VIISI
YKSI	VIISITOISTA
YHDEKSÄN	MATEMATIIKKA
NOLLA	KUUSI
KYMMENEN	KUUSITOISTA
KAKSI	

98 - Boerderij #2

```
M E H I L Ä I S P E S Ä N Z
C H D V T U U L I M Y L L Y
I M H I V E H N Ä D R V M L
O N K H B J W K A S T E L U
H A L A T O N S V G C M A V
R L N N R L M W H T F Z M E
A M N N I I T T Y R M Q M E
T U F E A V T N L A A M A L
Y E V S K N A S E K I A S Ä
P A I M E N K H A T S I Q I
H E D E L M Ä K J O S T F M
U J W J H I N N A R I O W E
V I L J E L I J Ä I S V B T
H E D E L M Ä T A R H A F Y
```

MEHILÄISPESÄ	KARITSA
VILJELIJÄ	LAAMA
HEDELMÄTARHA	MAISSI
ELÄIMET	MAITO
ANKKA	LAMMAS
HEDELMÄ	LATO
OHRA	VEHNÄ
VIHANNES	TRAKTORI
PAIMEN	NIITTY
KASTELU	TUULIMYLLY

99 - Voeding

```
I U G N R R Z Q M Y R K K Y
L N S F U K A L O R I K A R
Z Q P R O T E I I N I Ä R U
P V O L K H G N K F V Y B O
P Q N M A K U E A G I M O K
P L P M H F Z S S Z T I H A
K A K Z A V E T T Q A N Y V
S A I S L G S E I S M E D A
B T T N U S K E K Y I N R L
W U K K O U Q T E Ö I T A I
A A I T E E F T I T N B T O
T E R V E R M R Q Ä I J E G
I I Y F U P A V Q V D W R Y
T E R V E Y S T Z Ä B E K U
```

KATKERA
KALORI
RUOKAVALIO
SYÖTÄVÄ
RUOKAHALU
PROTEIINI
KÄYMINEN
PAINO
TERVE

TERVEYS
KARBOHYDRATER
LAATU
KASTIKE
MAKU
MYRKKY
VITAMIINI
NESTEET

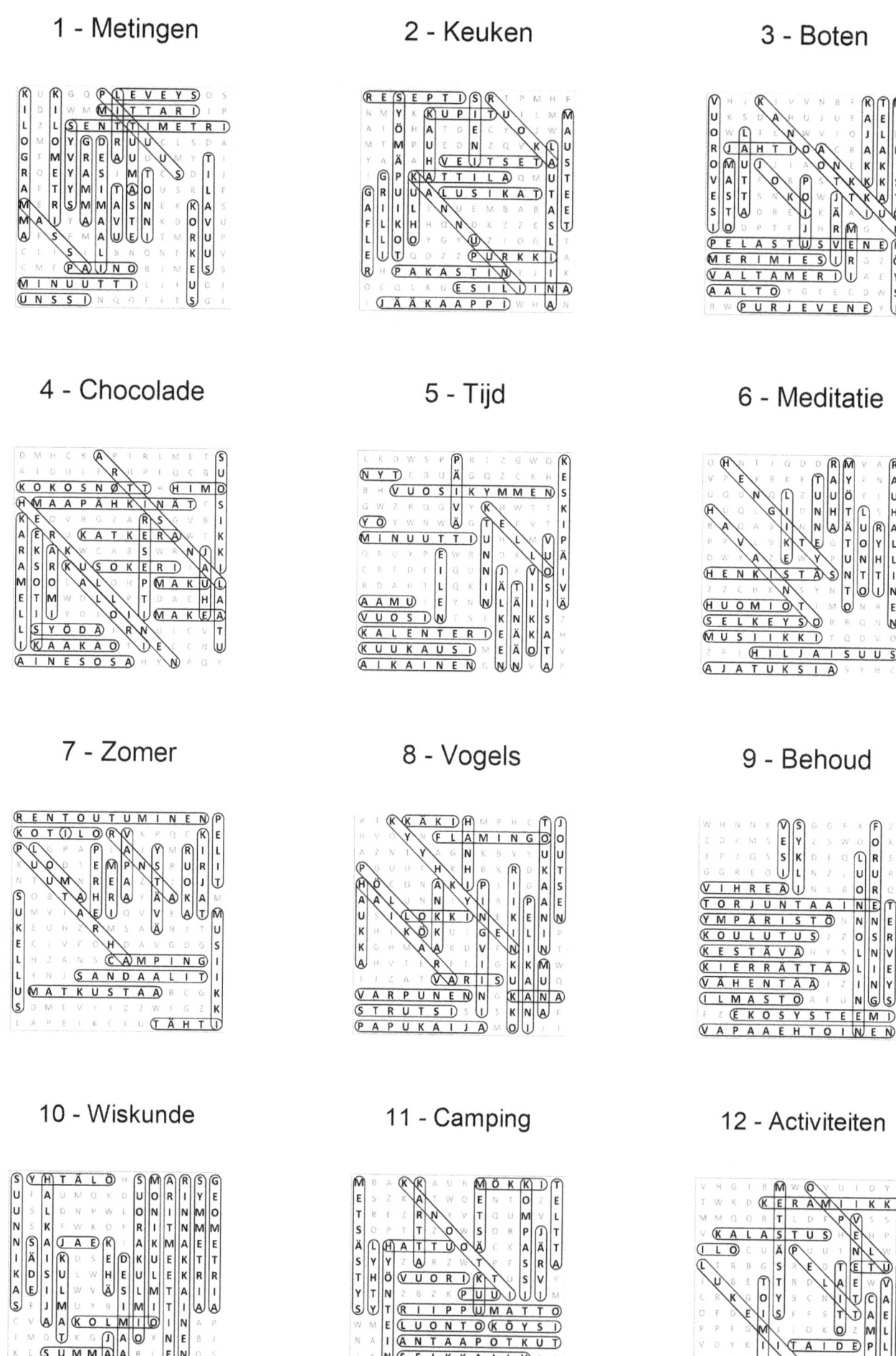

1 - Metingen

2 - Keuken

3 - Boten

4 - Chocolade

5 - Tijd

6 - Meditatie

7 - Zomer

8 - Vogels

9 - Behoud

10 - Wiskunde

11 - Camping

12 - Activiteiten

13 - Vormen

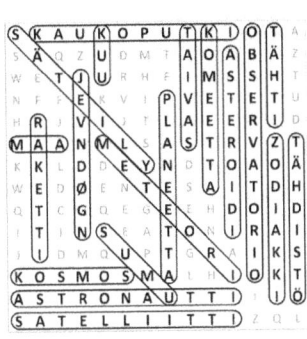

14 - Astronomie

15 - Emoties

16 - Vakantie #2

17 - Weersomstandigh

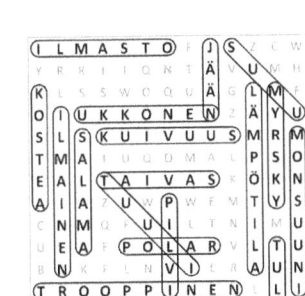

18 - Strand

19 - Eten #2

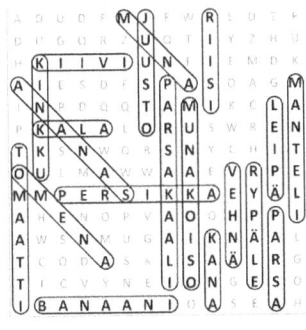

20 - Klimmen

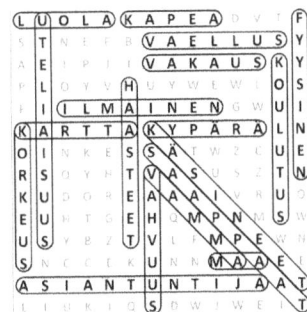

21 - Restaurant #1

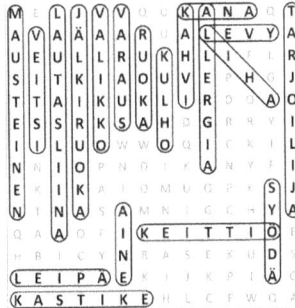

22 - Geologie

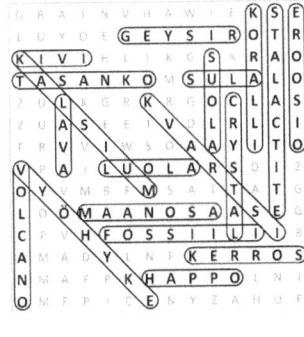

23 - Specerijen

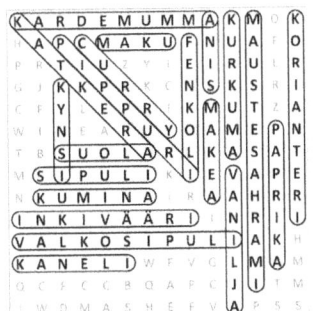

24 - Groenten

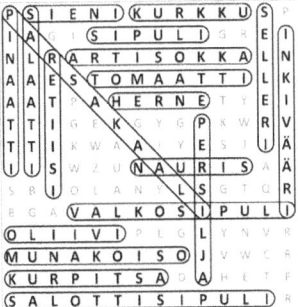

25 - Dans

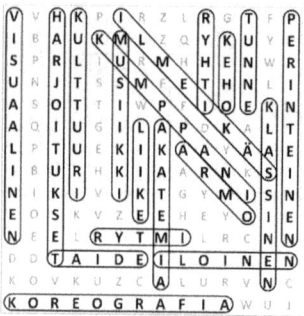

26 - Sport

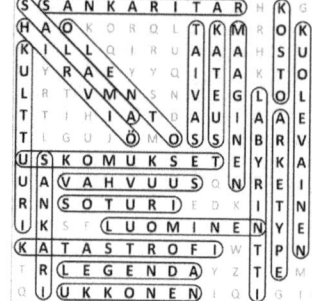

27 - Mythologie

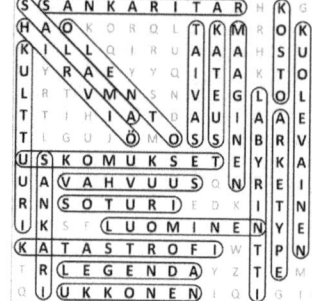

28 - Vakantie #1

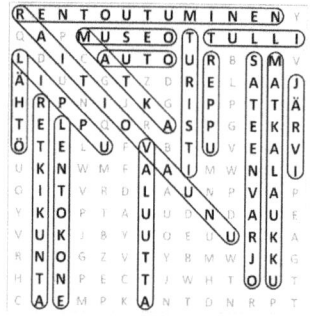

29 - Eten #1

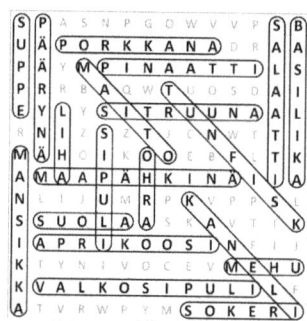

30 - Avontuur

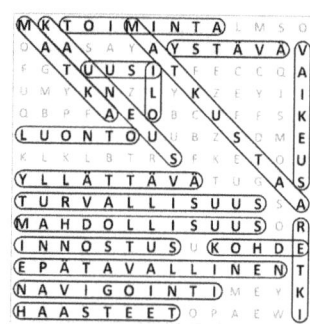

31 - Circus

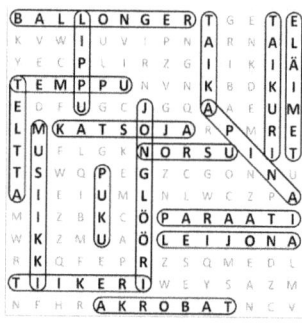

32 - Restaurant #2

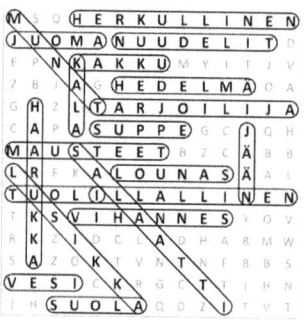

33 - Bijen

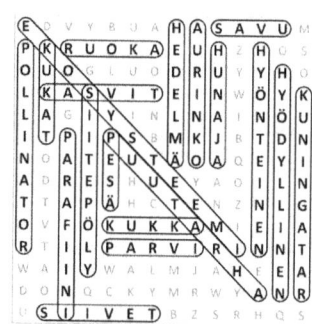

34 - School #1

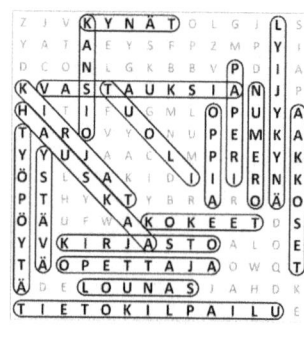

35 - Wandelen

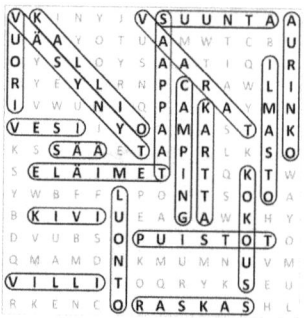

36 - Ecologie

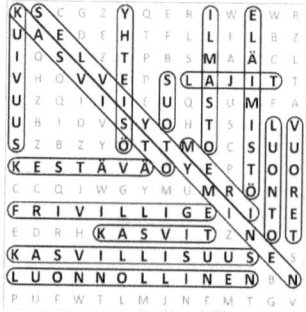

37 - Installaties

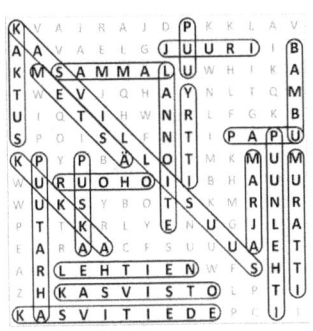

38 - School #2

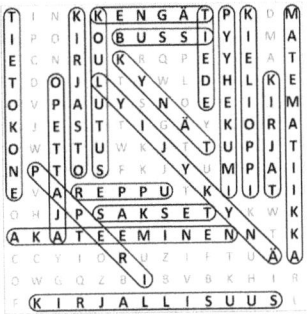

39 - Oceaan

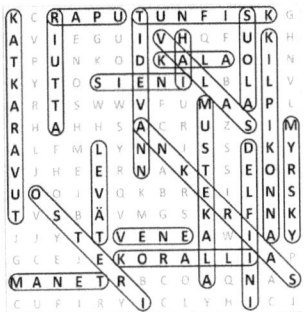

40 - Landen #2

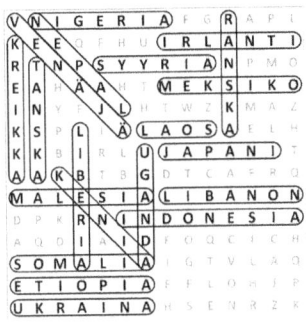

41 - Bloemen

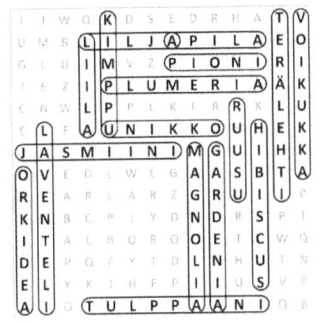

42 - Huisdieren

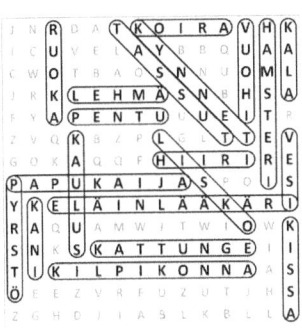

43 - Landschappen

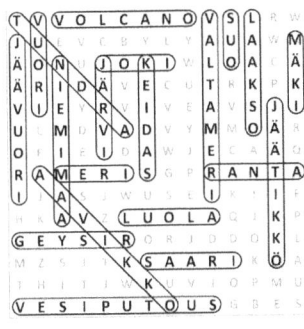

44 - Tuin

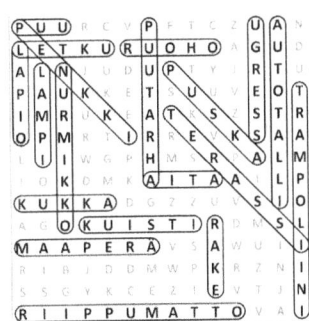

45 - Katten

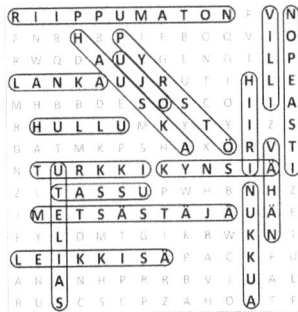

46 - Beroepen #2

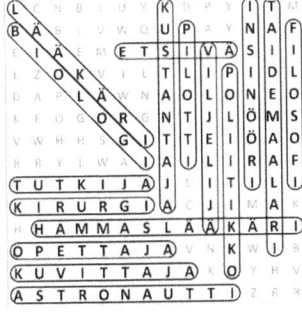

47 - Dagen en Maanden

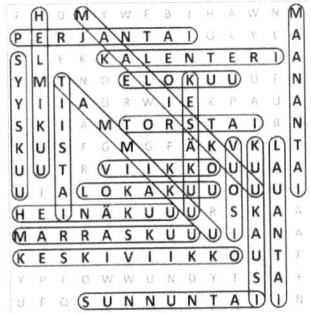

48 - Beeldende Kunsten

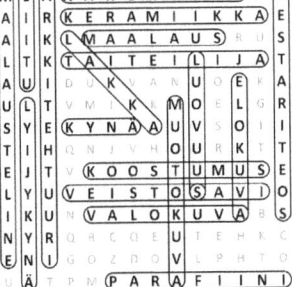

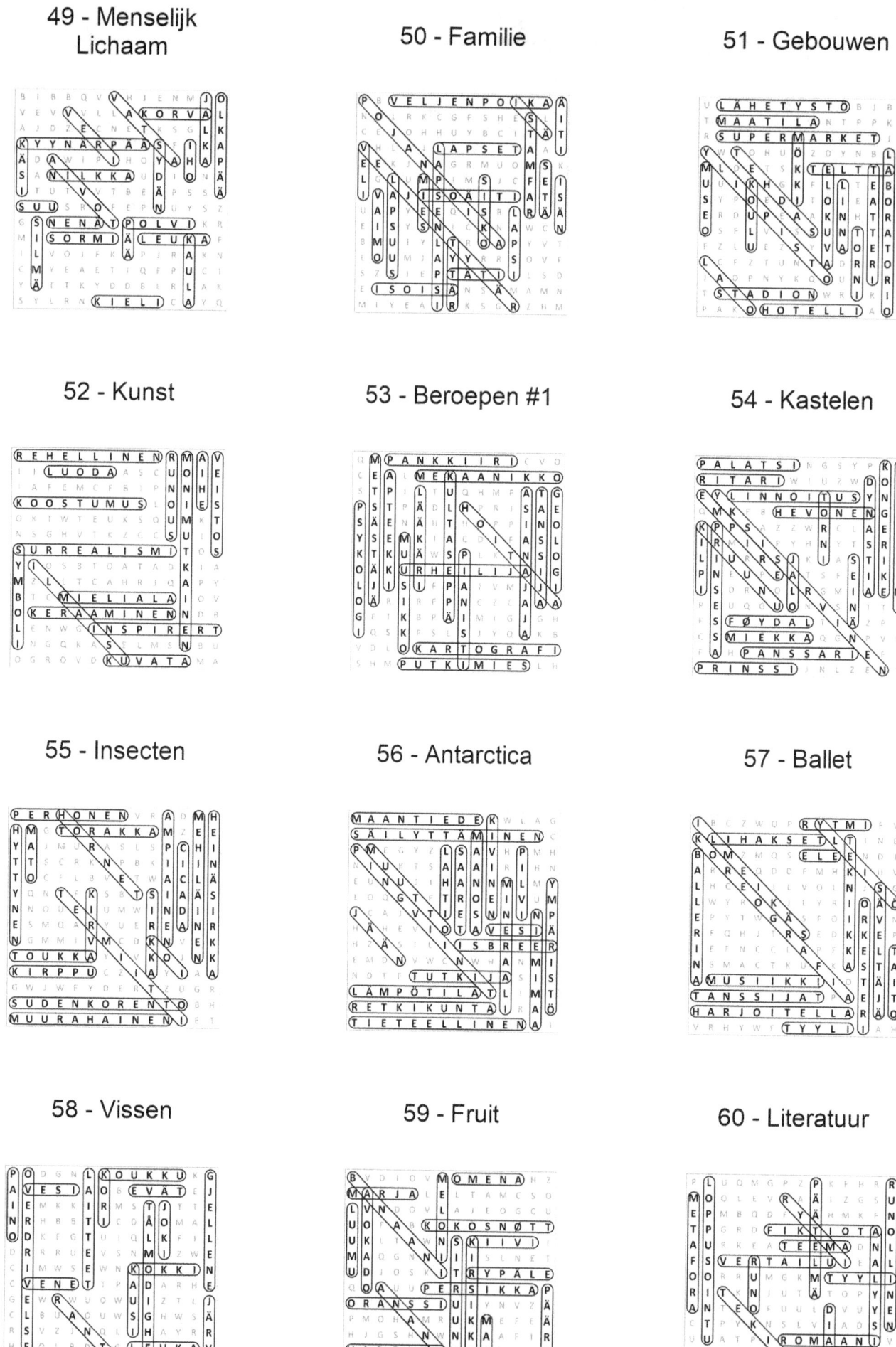

49 - Menselijk Lichaam

50 - Familie

51 - Gebouwen

52 - Kunst

53 - Beroepen #1

54 - Kastelen

55 - Insecten

56 - Antarctica

57 - Ballet

58 - Vissen

59 - Fruit

60 - Literatuur

61 - Technologie

62 - Boeken

63 - Meer Informatie

64 - Regenwoud

65 - Haartypes

66 - Stad

67 - Natuur

68 - Dinosaurussen

69 - Zoogdieren

70 - 1 Jaar Geleden

71 - Kampioenschap

72 - Exploratie

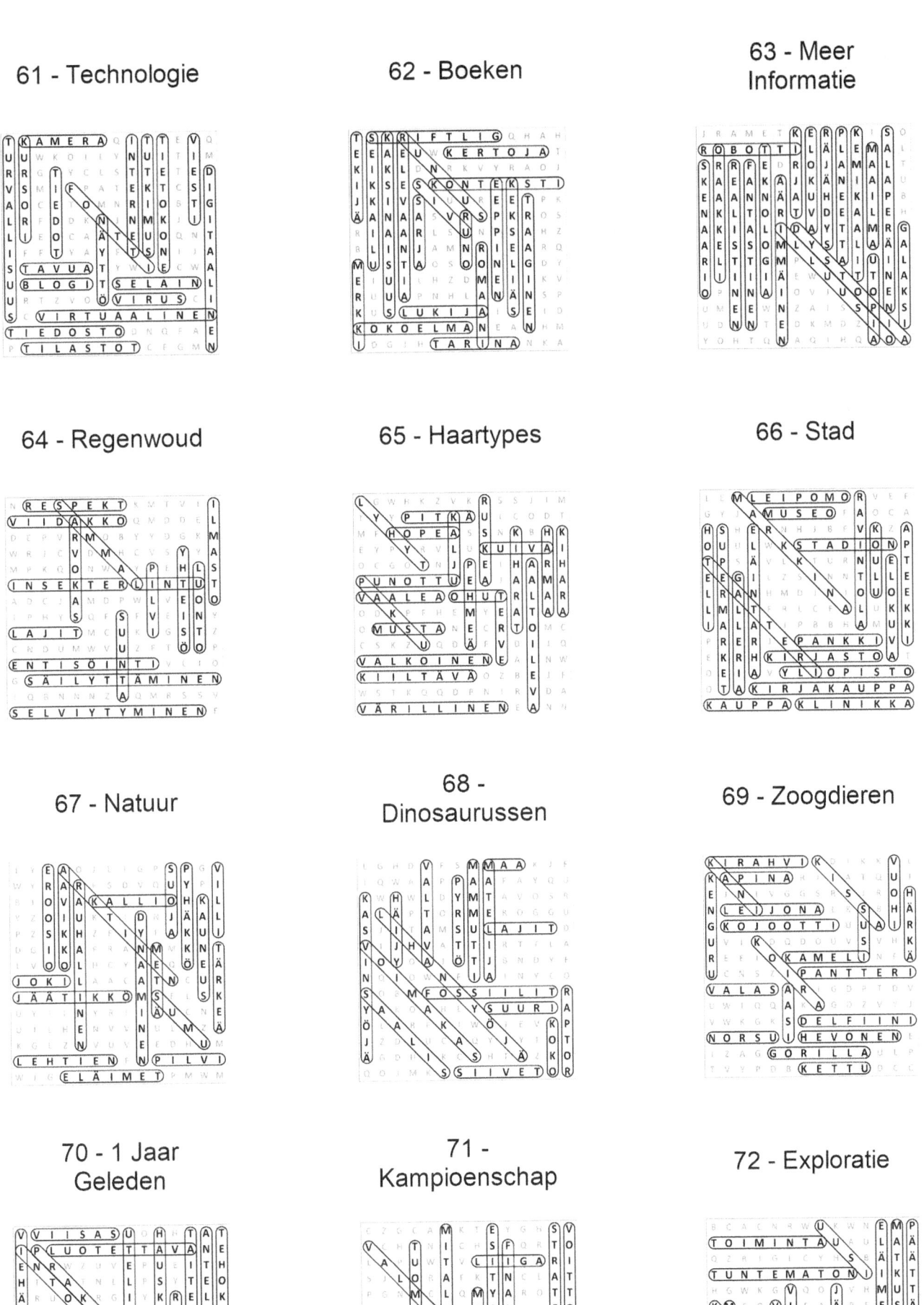

73 - Voertuigen

74 - Geografie

75 - Kunstbenodigdhe

76 - Barbecues

77 - Wetenschappelijk

78 - Bijvoeglijke Naamwoorden

79 - Kleding

80 - Vliegtuigen

81 - Herbalisme

82 - Meubels

83 - Piraten

84 - Surfen

85 - Rijden

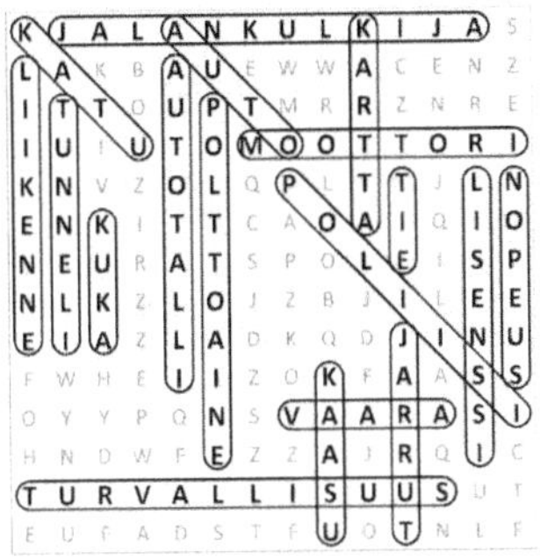

86 - Wetenschap

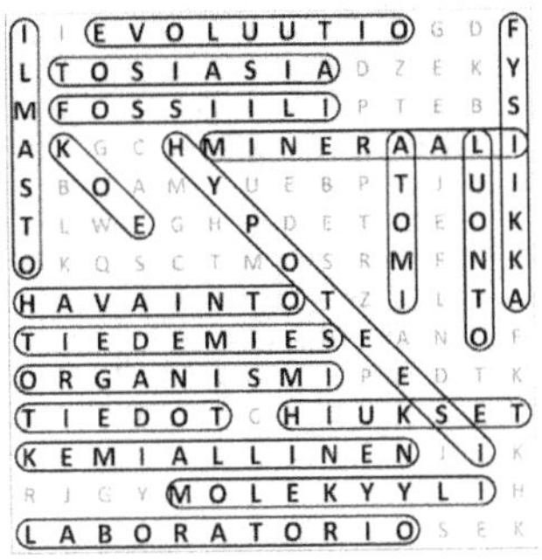

87 - Badkamer

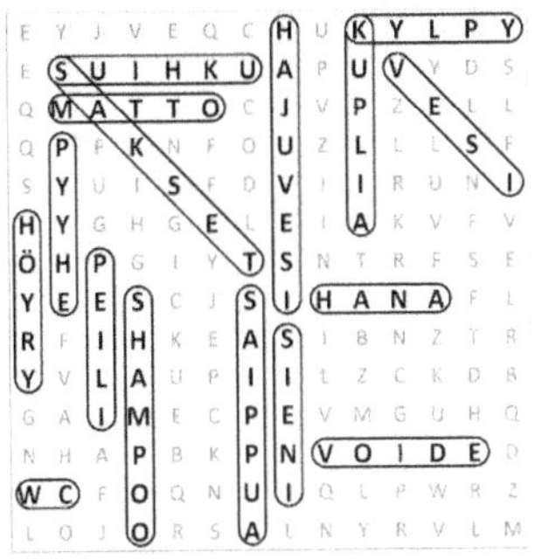

88 - Speelgoed

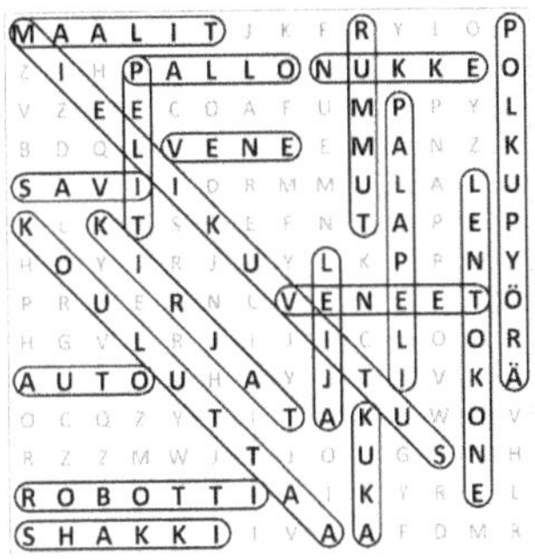

89 - Muziekinstrument

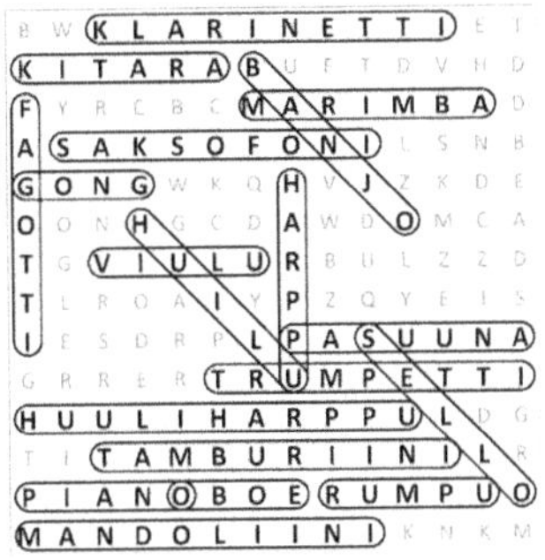

90 - Activiteiten en Vrije Ti

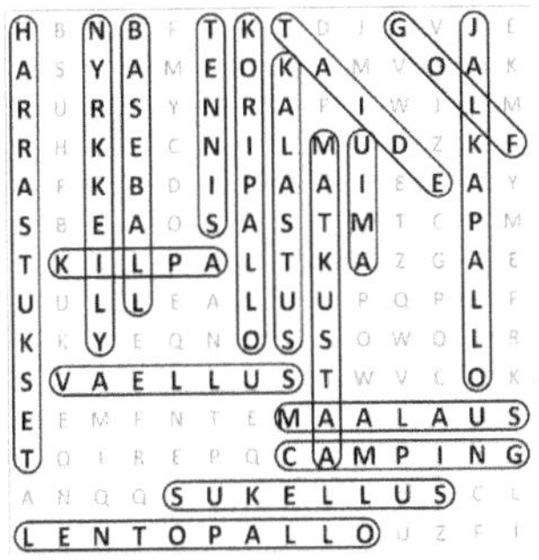

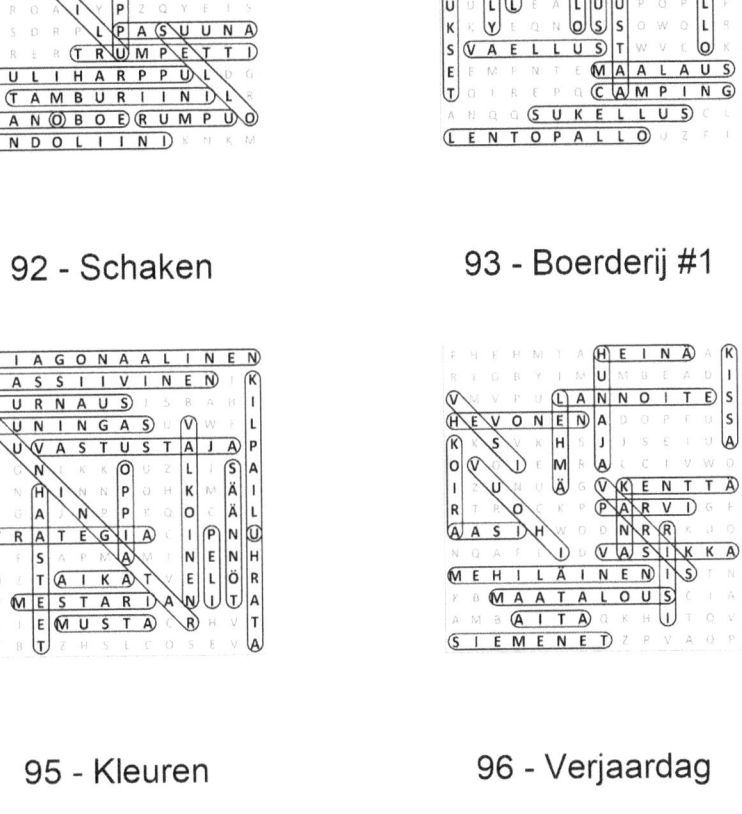

91 - Water

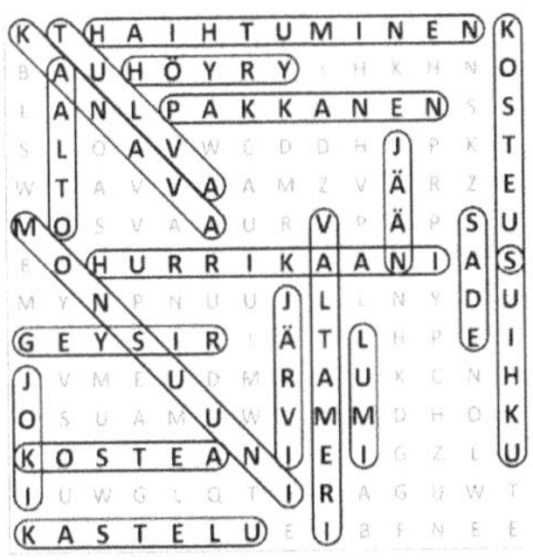

92 - Schaken

93 - Boerderij #1

94 - Huis

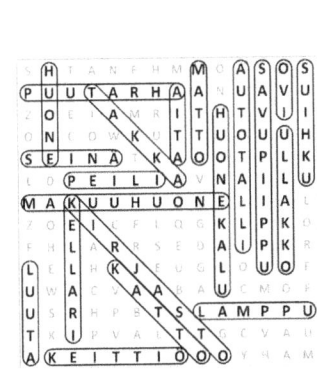

95 - Kleuren

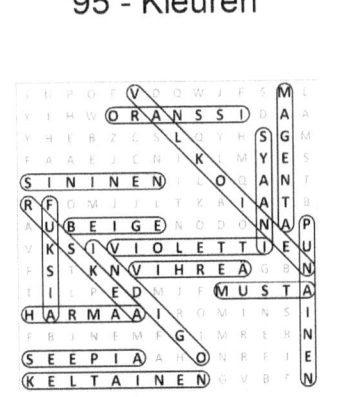

96 - Verjaardag

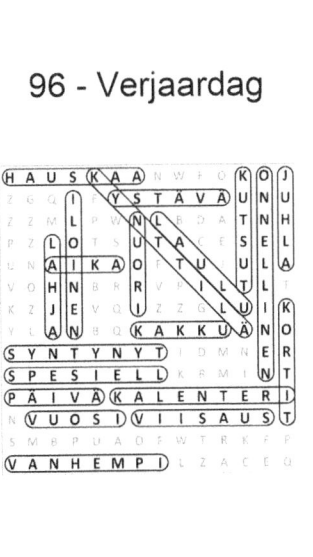

97 - Getallen

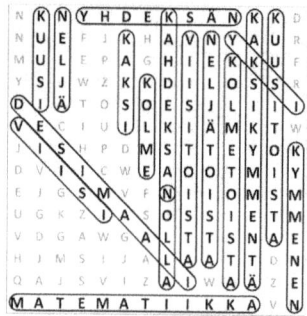

98 - Boerderij #2

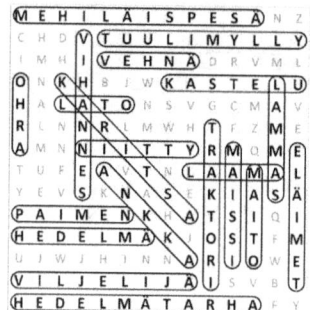

99 - Voeding

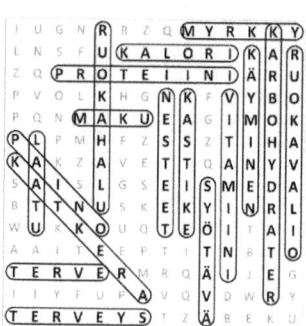

Woordenboek

1 Jaar Geleden
Hyveet osa 1

Artistiek	Taiteellinen
Behulpzaam	Hyödyllinen
Bescheiden	Vaatimaton
Beslissend	Ratkaiseva
Betrouwbaar	Luotettava
Charmant	Viehättävä
Efficiënt	Tehokas
Gepassioneerd	Intohimoinen
Goed	Hyvä
Grappig	Hauska
Gul	Antelias
Intelligent	Älykäs
Nieuwsgierig	Utelias
Onafhankelijk	Riippumaton
Patiënt	Potilas
Praktisch	Praktisk
Schoon	Puhdas
Wijs	Viisas

Activiteiten
Toiminta

Activiteit	Toiminta
Ambachten	Veneet
Belangen	Etu
Fotografie	Valokuvaus
Games	Pelit
Hengelsport	Kalastus
Jacht	Metsästys
Kamperen	Camping
Keramiek	Keramiikka
Kunst	Taide
Lezen	Lukeminen
Magie	Taika
Naaien	Ompelu
Ontspanning	Rentoutuminen
Plezier	Ilo
Schilderij	Maalaus
Vaardigheid	Taito
Vrije Tijd	Vapaa
Wandelen	Vaellus

Activiteiten en Vrije Ti
Toiminta ja Vapaa-Aika

Basketbal	Koripallo
Boksen	Nyrkkeily
Duiken	Sukellus
Golf	Golf
Hengelsport	Kalastus
Hobby	Harrastukset
Honkbal	Baseball
Kamperen	Camping
Kunst	Taide
Ontspannen	Rentouttava
Racen	Kilpa
Reis	Matkustaa
Schilderij	Maalaus
Surfen	Lainelautailu
Tennis	Tennis
Voetbal	Jalkapallo
Volleybal	Lentopallo
Wandelen	Vaellus
Zwemmen	Uima

Antarctica
Antarktis

Baai	Lahti
Behoud	Säilyttäminen
Continent	Maanosa
Eilanden	Saaret
Expeditie	Retkikunta
Geografie	Maantiede
Gletsjers	Isbreer
Ijs	Jään
Migratie	Muutto
Mineralen	Mineraali
Omgeving	Ympäristö
Onderzoeker	Tutkija
Pinguïn	Pingviinit
Rotsachtig	Kivinen
Schiereiland	Niemimaa
Temperatuur	Lämpötila
Topografie	Topografia
Water	Vesi
Wetenschappelijk	Tieteellinen
Wolken	Pilvi

Astronomie
Tähtitiede

Aarde	Maa
Asteroïde	Asteroidi
Astronaut	Astronautti
Dierenriem	Zodiakki
Equinox	Jevndøgn
Hemel	Taivas
Komeet	Komeetta
Kosmos	Kosmos
Maan	Kuu
Meteoor	Meteori
Nevel	Sumu
Observatorium	Observatorio
Planeet	Planeeta
Raket	Raketti
Satelliet	Satelliitti
Ster	Tähti
Sterrenbeeld	Tähdistö
Straling	Säteily
Telescoop	Kaukoputki
Zwaartekracht	Painovoima

Avontuur
Seikkailu

Activiteit	Toiminta
Bestemming	Kohde
Enthousiasme	Innostus
Excursie	Retki
Gevaarlijk	Vaarallinen
Kans	Mahdollisuus
Moeilijkheid	Vaikeus
Natuur	Luonto
Navigatie	Navigointi
Nieuw	Uusi
Ongewoon	Epätavallinen
Reisplan	Matka
Reizen	Matkustaa
Schoonheid	Kauneus
Uitdagingen	Haasteet
Veiligheid	Turvallisuus
Verrassend	Yllättävä
Vreugde	Ilo
Vrienden	Ystävä

Badkamer
Kylpyhuone

Bad	Kylpy
Bellen	Kuplia
Douche	Suihku
Handdoek	Pyyhe
Kraan	Hana
Lotion	Voide
Parfum	Hajuvesi
Schaar	Sakset
Shampoo	Shampoo
Spiegel	Peili
Spons	Sieni
Stoom	Höyry
Tapijt	Matto
Water	Vesi
Wc	Wc
Zeep	Saippua

Ballet
Baletti

Artistiek	Taiteellinen
Ballerina	Ballerina
Choreografie	Koreografia
Componist	Säveltäjä
Dansers	Tanssijat
Expressief	Ilmeikäs
Gebaar	Ele
Intensiteit	Intensiteetti
Muziek	Musiikki
Orkest	Orkesteri
Praktijk	Harjoitella
Publiek	Yleisö
Repetitie	Harjoitukset
Ritme	Rytmi
Spieren	Lihakset
Stijl	Tyyli
Techniek	Tekniikka
Vaardigheid	Taito

Barbecues
Grilli

Diner	Illallinen
Familie	Perhe
Fruit	Hedelmä
Grill	Grilli
Groente	Vihannes
Heet	Kuuma
Honger	Nälkä
Kip	Kana
Lunch	Lounas
Messen	Veitset
Muziek	Musiikki
Peper	Pippuri
Salades	Salaatit
Saus	Kastike
Tomaten	Tomaatit
Uien	Sipuli
Uitnodiging	Kutsu
Vorken	Gafler
Zomer	Kesä
Zout	Suola

Beeldende Kunsten
Kuvataide

Architectuur	Arkkitehtuuri
Artiest	Taiteilija
Beeldhouwwerk	Veistos
Creativiteit	Luovuus
Ezel	Maalausteline
Film	Elokuva
Foto	Valokuva
Keramiek	Keramiikka
Klei	Savi
Krijt	Liitu
Meesterwerk	Mestariteos
Pen	Kynä
Perspectief	Näkökulma
Portret	Muotokuva
Potlood	Lyijykynä
Samenstelling	Koostumus
Schilderij	Maalaus
Vernis	Lakka
Was	Parafiini

Behoud
Säilyttäminen

Chemicaliën	Kemikaalit
Duurzaam	Kestävä
Ecosysteem	Ekosysteemi
Fiets	Sykli
Gezondheid	Terveys
Groen	Vihreä
Klimaat	Ilmasto
Milieu	Ympäristö
Natuurlijk	Luonnollinen
Onderwijs	Koulutus
Organisch	Orgaaninen
Pesticide	Torjunta-Aine
Recycleren	Kierrättää
Verminderen	Vähentää
Vervuiling	Forurensning
Vrijwilliger	Vapaaehtoinen
Water	Vesi
Zorg	Huolenaihe

Beroepen #1
Ammatit nro 1

Advocaat	Asianajaja
Apotheker	Apteekki
Atleet	Urheilija
Bankier	Pankkiiri
Brandweerman	Palomies
Cartograaf	Kartografi
Danser	Tanssija
Dierenarts	Eläinlääkäri
Dokter	Lääkäri
Editor	Redaktør
Geoloog	Geologi
Jager	Metsästäjä
Juwelier	Kultaseppä
Loodgieter	Putkimies
Monteur	Mekaanikko
Muzikant	Muusikko
Pianist	Pianisti
Psycholoog	Psykologi
Verpleegster	Hoitaja
Wetenschapper	Tiedemies

Beroepen #2
Ammatit #2

Arts	Lääkäri
Astronaut	Astronautti
Bioloog	Biologi
Boer	Viljelijä
Chirurg	Kirurgi
Detective	Etsivä
Filosoof	Filosofi
Fotograaf	Valokuvaaja
Illustrator	Kuvittaja
Ingenieur	Insinööri
Journalist	Toimittaja
Leraar	Opettaja
Onderzoeker	Tutkija
Piloot	Pilotti
Politicus	Poliitikko
Schilder	Taidemaalari
Tandarts	Hammaslääkäri
Tuinman	Puutarhuri
Uitgever	Kustantaja
Uitvinder	Keksijä

Bijen
Mehiläiset

Bestuiver	Pollinator
Bijenkorf	Pesä
Bloemen	Kukat
Bloesem	Kukka
Ecosysteem	Ekosysteemi
Fruit	Hedelmä
Honing	Hunaja
Insect	Hyönteinen
Koningin	Kuningatar
Planten	Kasvit
Rook	Savu
Stuifmeel	Siitepöly
Tuin	Puutarha
Vleugels	Siivet
Voedsel	Ruoka
Voordelig	Hyödyllinen
Was	Parafiini
Zon	Aurinko
Zwerm	Parvi

Bijvoeglijke Naamwoorden
Adjektiivit #1

Aantrekkelijk	Viehättävä
Absoluut	Ehdoton
Actief	Aktiivinen
Aromatisch	Aromaattinen
Artistiek	Taiteellinen
Belangrijk	Tärkeä
Diep	Syvä
Donker	Tumma
Dun	Ohut
Eerlijk	Rehellinen
Exotisch	Eksotisk
Identiek	Identtinen
Jong	Nuori
Lang	Pitkä
Langzaam	Hidas
Modern	Moderni
Onschuldig	Viaton
Perfect	Täydellinen
Waardevol	Arvokas
Zwaar	Raskas

Bijvoeglijke Naamwoorden
Adjektiivit #2

Authentiek	Aito
Begaafd	Lahjakas
Beschrijvend	Kuvaus
Creatief	Luova
Dramatisch	Dramaattinen
Gezond	Terve
Hongerig	Nälkäinen
Moe	Väsynyt
Natuurlijk	Luonnollinen
Nieuw	Uusi
Normaal	Normaali
Productief	Tuottava
Slaperig	Unelias
Sterk	Vahva
Trots	Ylpeä
Verantwoordelijk	Vastuullinen
Vers	Tuore
Wild	Villi
Zout	Suolainen
Zuiver	Puhdas

Bloemen
Kukkia

Bloemblad	Terälehti
Boeket	Kimppu
Gardenia	Gardenia
Hibiscus	Hibiscus
Jasmijn	Jasmiini
Klaver	Apila
Lavendel	Laventeli
Lelie	Lilja
Lila	Liila
Madeliefje	Päivänkakkara
Magnolia	Magnolia
Orchidee	Orkidea
Paardebloem	Voikukka
Papaver	Unikko
Pioenroos	Pioni
Plumeria	Plumeria
Roos	Ruusu
Tulp	Tulppaani
Zonnebloem	Auringonkukka

Boeken
Kirjat

Auteur	Tekijä
Avontuur	Seikkailu
Bladzijde	Sivu
Collectie	Kokoelma
Context	Konteksti
Dualiteit	Kaksinaisuus
Episch	Eeppinen
Gedicht	Runo
Geschreven	Skriftlig
Humoristisch	Humoristinen
Inventief	Kekseliäs
Karakter	Merkki
Lezer	Lukija
Poëzie	Runous
Relevant	Relevaantia
Roman	Romaani
Serie	Sarja
Tragisch	Traaginen
Verhaal	Tarina
Verteller	Kertoja

Boerderij #1
Maatila nro 1

Bij	Mehiläinen
Ezel	Aasi
Geit	Vuohi
Hek	Aita
Hond	Koira
Honing	Hunaja
Hooi	Heinä
Kalf	Vasikka
Kat	Kissa
Kip	Kana
Koe	Lehmä
Kraai	Varis
Kudde	Parvi
Landbouw	Maatalous
Mest	Lannoite
Paard	Hevonen
Rijst	Riisi
Veld	Kenttä
Water	Vesi
Zaden	Siemenet

Boerderij #2
Maatila # 2

Bijenkorf	Mehiläispesä
Boer	Viljelijä
Boomgaard	Hedelmätarha
Dieren	Eläimet
Eend	Ankka
Fruit	Hedelmä
Gerst	Ohra
Groente	Vihannes
Herder	Paimen
Irrigatie	Kastelu
Lam	Karitsa
Lama	Laama
Maïs	Maissi
Melk	Maito
Schaap	Lammas
Schuur	Lato
Tarwe	Vehnä
Tractor	Traktori
Weide	Niitty
Windmolen	Tuulimylly

Boten
Veneitä

Anker	Ankkuri
Bemanning	Miehistö
Boei	Poiju
Dok	Telakka
Golven	Aalto
Jacht	Jahti
Kajak	Kajakk
Kano	Kanootti
Mast	Masto
Matroos	Merimies
Meer	Järvi
Motor	Moottori
Oceaan	Valtameri
Reddingsboot	Pelastusvene
Rivier	Joki
Tij	Vuorovesi
Touw	Köysi
Veerboot	Lautta
Zee	Meri
Zeilboot	Purjevene

Camping
Telttailu

Avontuur	Seikkailu
Berg	Vuori
Bomen	Puu
Bos	Metsä
Brand	Antaa Potkut
Cabine	Mökki
Dieren	Eläimet
Hangmat	Riippumatto
Hoed	Hattu
Insect	Hyönteinen
Jacht	Metsästys
Kaart	Kartta
Kano	Kanootti
Kompas	Kompassi
Lantaarn	Lyhty
Maan	Kuu
Meer	Järvi
Natuur	Luonto
Tent	Teltta
Touw	Köysi

Chocolade
Suklaa

Aroma	Aromi
Artisanaal	Artisanal
Bitter	Katkera
Cacao	Kaakao
Calorieën	Kalori
Eten	Syödä
Exotisch	Eksotisk
Favoriet	Suosikki
Heerlijk	Herkullinen
Ingrediënt	Ainesosa
Karamel	Karamelli
Kokosnoot	Kokosnøtt
Kwaliteit	Laatu
Pinda'S	Maapähkinät
Poeder	Jauhe
Recept	Resepti
Smaak	Maku
Suiker	Sokeri
Verlangen	Himo
Zoet	Makea

Circus
Sirkus

Aap	Apina
Acrobaat	Akrobat
Ballonnen	Ballonger
Dieren	Eläimet
Goochelaar	Taikuri
Jongleur	Jonglööri
Kaartje	Lippu
Kostuum	Puku
Leeuw	Leijona
Magie	Taika
Muziek	Musiikki
Olifant	Norsu
Parade	Paraati
Tent	Teltta
Tijger	Tiikeri
Toeschouwer	Katsoja
Truc	Temppu
Vermaken	Viihdyttää

Dagen en Maanden
Päivät ja Kuukaudet

Augustus	Elokuu
Dinsdag	Tiistai
Donderdag	Torstai
Februari	Helmikuu
Jaar	Vuosi
Januari	Tammikuu
Juli	Heinäkuu
Juni	Kesäkuu
Kalender	Kalenteri
Maand	Kuukausi
Maandag	Maanantai
Maart	Maaliskuu
November	Marraskuu
Oktober	Lokakuu
September	Syyskuu
Vrijdag	Perjantai
Week	Viikko
Woensdag	Keskiviikko
Zaterdag	Lauantai
Zondag	Sunnuntai

Dans
Tanssi

Academie	Akatemia
Beweging	Liike
Blij	Iloinen
Choreografie	Koreografia
Cultuur	Kulttuuri
Emotie	Tunne
Expressief	Ilmeikäs
Genade	Armo
Houding	Ryhti
Klassiek	Klassinen
Kunst	Taide
Lichaam	Keho
Muziek	Musiikki
Partner	Kumppani
Repetitie	Harjoitukset
Ritme	Rytmi
Traditioneel	Perinteinen
Visueel	Visuaalinen

Dinosaurussen
Dinosaurus

Aarde	Maa
Carnivoor	Lihansyöjä
Enorm	Valtava
Evolutie	Evoluutio
Fossielen	Fossiilit
Groot	Suuri
Grootte	Koko
Herbivoor	Kasvinsyöjä
Krachtig	Voimakas
Mammoet	Mammutti
Prooi	Saalis
Reptiel	Matelija
Roofvogel	Raptor
Soort	Lajit
Staart	Pyrstö
Verdwijning	Katoaminen
Vicieuze	Häijy
Vleugels	Siivet

Ecologie
Ekologia

Bergen	Vuoret
Droogte	Kuivuus
Duurzaam	Kestävä
Fauna	Eläimistö
Flora	Kasvisto
Gemeenschappen	Yhteisö
Klimaat	Ilmasto
Marinier	Meri
Moeras	Suo
Natuur	Luonto
Natuurlijk	Luonnollinen
Overleving	Selviytyminen
Planten	Kasvit
Soort	Lajit
Vegetatie	Kasvillisuus
Vrijwilligers	Frivillige

Emoties
Tunteita

Angst	Pelko
Dankbaar	Kiitollinen
Droefheid	Surullisuus
Gelukzaligheid	Autuus
Inhoud	Sisältö
Kalm	Rauhallinen
Liefde	Rakkaus
Ontspannen	Rento
Opgewonden	Innoissaan
Opluchting	Helpotus
Rust	Rauhallisuus
Sympathie	Myötätunto
Tederheid	Hellyys
Tevreden	Tyytyväinen
Verrassing	Yllätys
Verveling	Ikävystyminen
Vrede	Rauha
Vreugde	Ilo
Vriendelijkheid	Ystävällisyys
Woede	Suututtaa

Eten #1
Ruoka #1

Aardbei	Mansikka
Abrikoos	Aprikoosi
Basilicum	Basilika
Citroen	Sitruuna
Gerst	Ohra
Kaneel	Kaneli
Knoflook	Valkosipuli
Melk	Maito
Peer	Päärynä
Pinda	Maapähkinä
Salade	Salaatti
Sap	Mehu
Soep	Suppe
Spinazie	Pinaatti
Suiker	Sokeri
Tonijn	Tunfisk
Ui	Sipuli
Vlees	Liha
Wortel	Porkkana
Zout	Suola

Eten #2
Ruoka #2

Amandel	Manteli
Ananas	Ananas
Appel	Omena
Asperge	Parsa
Aubergine	Munakoiso
Banaan	Banaani
Broccoli	Parsakaali
Brood	Leipä
Druif	Rypäle
Ei	Muna
Ham	Kinkku
Kaas	Juusto
Kip	Kana
Kiwi	Kiivi
Perzik	Persikka
Rijst	Riisi
Tarwe	Vehnä
Tomaat	Tomaatti
Vis	Kala
Yoghurt	Jogurtti

Exploratie
Tutkimus

Activiteit	Toiminta
Bepaling	Päättäväisyys
Dieren	Eläimet
Gevaarlijk	Vaarallinen
Gevaren	Vaarat
Leren	Oppia
Moed	Rohkeutta
Nieuw	Uusi
Onbekend	Tuntematon
Ontdekking	Löytö
Opwinding	Jännitys
Reis	Matkustaa
Ruimte	Tila
Taal	Kieli
Terrein	Maa
Uitputting	Uupumus
Ver	Kaukainen
Wild	Villi

Familie
Perhe

Broer	Veli
Dochter	Tytär
Grootmoeder	Isoäiti
Jeugd	Lapsuus
Kind	Lapsi
Kinderen	Lapset
Kleinkind	Lapsenlapsi
Kleinzoon	Pojanpoika
Man	Mies
Moeder	Äiti
Neef	Veljenpoika
Nicht	Veljentytär
Oom	Setä
Opa	Isoisä
Tante	Täti
Vader	Isä
Vaderlijk	Isän
Voorouder	Stamfar
Vrouw	Vaimo
Zus	Sisko

Fruit
Hedelmä

Abrikoos	Aprikoosi
Ananas	Ananas
Appel	Omena
Avocado	Avokado
Banaan	Banaani
Bes	Marja
Citroen	Sitruuna
Druif	Rypäle
Framboos	Vadelma
Kers	Kirsikka
Kiwi	Kiivi
Kokosnoot	Kokosnøtt
Mango	Mango
Meloen	Meloni
Nectarine	Nektariini
Oranje	Oranssi
Peer	Päärynä
Perzik	Persikka
Pruim	Luumu
Vijg	Viikuna

Gebouwen
Rakennukset

Ambassade	Lähetystö
Appartement	Huoneisto
Bioscoop	Elokuva
Boerderij	Maatila
Cabine	Mökki
Fabriek	Tehdas
Hotel	Hotelli
Kasteel	Linna
Laboratorium	Laboratorio
Museum	Museo
Observatorium	Observatorio
School	Koulu
Schuur	Lato
Stadion	Stadion
Supermarkt	Supermarket
Tent	Teltta
Theater	Teatteri
Toren	Torni
Universiteit	Yliopisto
Ziekenhuis	Sairaala

Geografie
Maantiede

Atlas	Atlas
Berg	Vuori
Breedtegraad	Leveysaste
Continent	Maanosa
Eiland	Saari
Evenaar	Päiväntasaaja
Halfrond	Halvkule
Hoogte	Korkeus
Kaart	Kartta
Land	Maassa
Meridiaan	Meridiaani
Noorden	Pohjoinen
Oceaan	Valtameri
Regio	Alue
Rivier	Joki
Stad	Kaupunki
Wereld	Maailma
Westen	Länsi
Zee	Meri
Zuiden	Etelä

Geologie
Geologia

Aardbeving	Maanjäristys
Calcium	Kalsium
Continent	Maanosa
Erosie	Eroosio
Fossiel	Fossiili
Geiser	Geysir
Gesmolten	Sula
Grot	Luola
Koraal	Koralli
Kristallen	Crystal
Kwarts	Kvartsi
Laag	Kerros
Lava	Lava
Plateau	Tasanko
Stalactiet	Stalactite
Steen	Kivi
Vulkaan	Volcano
Zone	Vyöhyke
Zout	Suola
Zuur	Happo

Getallen
Numerot

Acht	Kahdeksan
Decimaal	Desimaali
Dertien	Kolmetoista
Drie	Kolme
Een	Yksi
Negen	Yhdeksän
Nul	Nolla
Tien	Kymmenen
Twaalf	Kaksitoista
Twee	Kaksi
Twintig	Kaksikymmentä
Veertien	Neljätoista
Vier	Neljä
Vijf	Viisi
Vijftien	Viisitoista
Wiskunde	Matematiikka
Zes	Kuusi
Zestien	Kuusitoista
Zeven	Seitsemän

Groenten
Vihannekset

Artisjok	Artisokka
Aubergine	Munakoiso
Broccoli	Parsakaali
Erwt	Herne
Gember	Inkivääri
Knoflook	Valkosipuli
Komkommer	Kurkku
Olijf	Oliivi
Paddestoel	Sieni
Peterselie	Persilja
Pompoen	Kurpitsa
Raap	Nauris
Radijs	Retiisi
Salade	Salaatti
Selderij	Selleri
Sjalot	Salottisipuli
Spinazie	Pinaatti
Tomaat	Tomaatti
Ui	Sipuli
Wortel	Porkkana

Haartypes
Hiusten Tyypit

Blond	Vaalea
Bruin	Ruskea
Dik	Paksu
Droog	Kuiva
Dun	Ohut
Gekleurd	Värillinen
Gevlochten	Punottu
Gezond	Terve
Glimmend	Kiiltävä
Golvend	Aaltoileva
Grijs	Harmaa
Kaal	Kalju
Kort	Lyhyt
Krullen	Kiharat
Krullend	Kihara
Lang	Pitkä
Wit	Valkoinen
Zacht	Pehmeä
Zilver	Hopea
Zwart	Musta

Herbalisme
Herbalismi

Aromatisch	Aromaattinen
Basilicum	Basilika
Bloem	Kukka
Culinair	Kulinaarinen
Dille	Tilli
Dragon	Rakuuna
Groen	Vihreä
Ingrediënt	Ainesosa
Knoflook	Valkosipuli
Kwaliteit	Laatu
Lavendel	Laventeli
Marjolein	Meirami
Oregano	Oregano
Peterselie	Persilja
Rozemarijn	Rosmariini
Saffraan	Maustesahrami
Smaak	Maku
Tijm	Timjami
Tuin	Puutarha
Venkel	Fenkoli

Huis
Talo

Bezem	Luuta
Bibliotheek	Kirjasto
Dak	Katto
Deur	Ovi
Douche	Suihku
Garage	Autotalli
Haard	Takka
Hek	Aita
Kamer	Huone
Kelder	Kellari
Keuken	Keittiö
Lamp	Lamppu
Meubilair	Huonekalu
Muur	Seinä
Schoorsteen	Savupiippu
Slaapkamer	Makuuhuone
Spiegel	Peili
Tapijt	Matto
Tuin	Puutarha
Zolder	Ullakko

Huisdieren
Lemmikki

Dierenarts	Eläinlääkäri
Geit	Vuohi
Hagedis	Lisko
Hamster	Hamsteri
Hond	Koira
Kat	Kissa
Katje	Kattunge
Klauwen	Kynnet
Koe	Lehmä
Konijn	Kani
Kraag	Kaulus
Muis	Hiiri
Papegaai	Papukaija
Poten	Tassut
Puppy	Pentu
Schildpad	Kilpikonna
Staart	Pyrstö
Vis	Kala
Voedsel	Ruoka
Water	Vesi

Insecten
Hyönteiset

Bidsprinkhaan	Sirkka
Bij	Mehiläinen
Bladluis	Kirva
Cicade	Cicada
Horzel	Hornet
Kakkerlak	Torakka
Larve	Toukka
Libel	Sudenkorento
Mier	Muurahainen
Mot	Koi
Mug	Hyttynen
Sprinkhaan	Heinäsirkka
Termiet	Termiitti
Vlinder	Perhonen
Vlo	Kirppu
Wesp	Ampiainen
Worm	Mato

Installaties
Kasveja

Bamboe	Bambu
Bes	Marja
Blad	Puun Lehti
Bloem	Kukka
Boom	Puu
Boon	Papu
Bos	Metsä
Cactus	Kaktus
Flora	Kasvisto
Gebladerte	Lehtien
Gras	Ruoho
Klimop	Muratti
Kruid	Yrtti
Mest	Lannoite
Mos	Sammal
Plantkunde	Kasvitiede
Struik	Puska
Tuin	Puutarha
Vegetatie	Kasvillisuus
Wortel	Juuri

Kampioenschap
Mestaruus

Finalist	Finalisti
Games	Pelit
Kampioen	Mestari
Kampioenschap	Mestaruus
Liga	Liiga
Medaille	Mitali
Motivatie	Motivaatio
Prestatie	Esitys
Rechter	Tuomari
Sport	Urheilu
Strategie	Strategia
Team	Tiimi
Toernooi	Turnaus
Trainer	Valmentaja
Transpiratie	Hiki
Zege	Voitto

Kastelen
Linnat

Draak	Lohikäärme
Dynastie	Dynastia
Edele	Jalo
Eenhoorn	Yksisarvinen
Feodaal	Føydal
Fort	Linnoitus
Harnas	Panssari
Katapult	Katapultti
Koninkrijk	Kongerike
Kroon	Kruunu
Muur	Seinä
Paard	Hevonen
Paleis	Palatsi
Prins	Prinssi
Prinses	Prinsessa
Ridder	Ritari
Rijk	Empire
Schild	Kilpi
Toren	Torni
Zwaard	Miekka

Katten
Kissat

Bont	Turkki
Garen	Lanka
Gek	Hullu
Grappig	Hauska
Jager	Metsästäjä
Klauw	Kynsiä
Klein	Vähän
Muis	Hiiri
Nieuwsgierig	Utelias
Onafhankelijk	Riippumaton
Poot	Tassu
Slaap	Nukkua
Snel	Nopeasti
Speels	Leikkisä
Staart	Pyrstö
Verlegen	Ujo
Wild	Villi

Keuken
Keittiö

Cup	Kupit
Eetstokjes	Syömäpuikot
Grill	Grilli
Ketel	Kattila
Koelkast	Jääkaappi
Kom	Kulho
Kruik	Kannu
Lepels	Lusikat
Messen	Veitset
Oven	Uuni
Pollepel	Kauha
Pot	Purkki
Recept	Resepti
Schort	Esiliina
Servet	Lautasliina
Specerijen	Mausteet
Spons	Sieni
Voedsel	Ruoka
Vorken	Gafler
Vriezer	Pakastin

Kleding
Vaatteensa

Armband	Armbånd
Blouse	Pusero
Broek	Housut
Handschoenen	Käsineet
Hoed	Hattu
Jas	Takki
Jeans	Farkut
Jurk	Mekko
Ketting	Kaulakoru
Mode	Muoti
Pyjama	Pyjama
Riem	Vyö
Rok	Hame
Sandalen	Sandaalit
Schoen	Kenkä
Schort	Esiliina
Shirt	Paita
Sjaal	Huivi
Sokken	Sukat
Trui	Villapaita

Kleuren
Värit

Beige	Beige
Blauw	Sininen
Bruin	Ruskea
Cyaan	Syaani
Fuchsia	Fuksia
Geel	Keltainen
Grijs	Harmaa
Groen	Vihreä
Indigo	Indigo
Magenta	Magenta
Oranje	Oranssi
Paars	Violetti
Rood	Punainen
Sepia	Seepia
Wit	Valkoinen
Zwart	Musta

Klimmen
Kiipeily

Atmosfeer	Ilmainen
Deskundige	Asiantuntija
Fysiek	Fyysinen
Grot	Luola
Handschoenen	Käsineet
Helm	Kypärä
Hoogte	Korkeus
Kaart	Kartta
Kracht	Vahvuus
Laarzen	Saappaat
Letsel	Vamma
Nieuwsgierigheid	Uteliaisuus
Opleiding	Koulutus
Smal	Kapea
Stabiliteit	Vakaus
Terrein	Maa
Uitdagingen	Haasteet
Wandelen	Vaellus

Kunst
Taide

Beeldhouwwerk	Veistos
Complex	Monimutkainen
Creëren	Luoda
Eerlijk	Rehellinen
Geïnspireerd	Inspirert
Humeur	Mieliala
Keramisch	Keraaminen
Onderwerp	Aihe
Origineel	Alkuperäinen
Poëzie	Runous
Portretteren	Kuvata
Samenstelling	Koostumus
Surrealisme	Surrealismi
Symbool	Symboli
Uitdrukking	Ilmaisu
Visueel	Visuaalinen

Kunstbenodigdheden
Taide-Tarvikkeet

Acryl	Akryyli
Aquarellen	Akvarellit
Borstels	Harjat
Camera	Kamera
Creativiteit	Luovuus
Ezel	Maalausteline
Gom	Pyyhekumi
Ideeën	Ideoita
Inkt	Muste
Klei	Savi
Kleuren	Väri
Lijm	Liima
Olie	Öljy
Papier	Paperi
Potloden	Kynä
Stoel	Tuoli
Tafel	Pöytä
Verf	Maalit
Water	Vesi

Landen #2
Maat #2

Denemarken	Tanska
Ethiopië	Etiopia
Frankrijk	Ranska
Griekenland	Kreikka
Ierland	Irlanti
Indonesië	Indonesia
Japan	Japani
Kenia	Kenia
Laos	Laos
Libanon	Libanon
Liberia	Liberia
Maleisië	Malesia
Mexico	Meksiko
Nepal	Nepal
Nigeria	Nigeria
Oeganda	Uganda
Oekraïne	Ukraina
Rusland	Venäjä
Somalië	Somalia
Syrië	Syyria

Landschappen
Maisemat

Berg	Vuori
Eiland	Saari
Geiser	Geysir
Gletsjer	Jäätikkö
Grot	Luola
Heuvel	Mäki
Ijsberg	Jäävuori
Meer	Järvi
Moeras	Suo
Oase	Keidas
Oceaan	Valtameri
Rivier	Joki
Schiereiland	Niemimaa
Strand	Ranta
Toendra	Tundra
Vallei	Laakso
Vulkaan	Volcano
Waterval	Vesiputous
Woestijn	Aavikko
Zee	Meri

Literatuur
Kirjallisuus

Analogie	Analogia
Analyse	Analyysi
Anekdote	Anekdootti
Auteur	Tekijä
Biografie	Elämäkerta
Conclusie	Päätelmä
Dialoog	Dialog
Fictie	Fiktiota
Gedicht	Runo
Mening	Lausunto
Metafoor	Metafora
Poëtisch	Runollinen
Rijm	Loppusointu
Ritme	Rytmi
Roman	Romaani
Stijl	Tyyli
Thema	Teema
Tragedie	Tragedia
Vergelijking	Vertailu
Verteller	Kertoja

Meditatie
Meditaatio

Aandacht	Huomio
Aanvaarding	Hyväksyminen
Ademhaling	Hengitys
Beweging	Liike
Dankbaarheid	Kiitollisuus
Emoties	Tunne
Gedachten	Ajatuksia
Helderheid	Selkeys
Houding	Ryhti
Kalm	Rauhallinen
Mededogen	Myötätunto
Mentaal	Henkistä
Muziek	Musiikki
Natuur	Luonto
Observatie	Havainto
Perspectief	Näkökulma
Stilte	Hiljaisuus
Vrede	Rauha
Vriendelijkheid	Ystävällisyys
Wakker	Hereillä

Meer Informatie
Tieteiskirjallisuus

Bioscoop	Elokuva
Boeken	Kirjat
Brand	Antaa Potkut
Chemicaliën	Kemikaalit
Dystopie	Dystopia
Explosie	Räjähdys
Extreem	Äärimmäinen
Fantastisch	Fantastinen
Futuristisch	Futuristinen
Illusie	Illuusio
Mysterieus	Salaperäinen
Orakel	Oraakkeli
Planeet	Planeetta
Realistisch	Realistinen
Robots	Robotti
Scenario	Skenaario
Sterrenstelsel	Galaksi
Technologie	Teknologia
Utopie	Utopia
Wereld	Maailma

Menselijk Lichaam
Ihmiskehon

Been	Jalka
Bloed	Veri
Elleboog	Kyynärpää
Enkel	Nilkka
Hand	Käsi
Hart	Sydän
Hersenen	Aivot
Hoofd	Pää
Huid	Iho
Kin	Leuka
Knie	Polvi
Maag	Vatsa
Mond	Suu
Nek	Kaula
Neus	Nenä
Oog	Silmä
Oor	Korva
Schouder	Olkapää
Tong	Kieli
Vinger	Sormi

Metingen
Mittaus

Breedte	Leveys
Byte	Tavu
Centimeter	Senttimetri
Decimaal	Desimaali
Diepte	Syvyys
Gewicht	Paino
Graad	Aste
Gram	Gramma
Hoogte	Korkeus
Inch	Tuuma
Kilogram	Kilogramma
Kilometer	Kilometri
Lengte	Pituus
Liter	Litra
Massa	Massa
Meter	Mittari
Minuut	Minuutti
Ons	Unssi
Ton	Tonni
Volume	Tilavuus

Meubels
Huonekalut

Bank	Penkki
Bed	Sänky
Boekenkast	Kirjahylly
Bureau	Työpöytä
Fauteuil	Nojatuoli
Futon	Futon
Gordijnen	Verhot
Hangmat	Riippumatto
Kussen	Tyyny
Kussens	Tyynyt
Lamp	Lamppu
Matras	Patja
Planken	Hyllyt
Spiegel	Peili
Stoel	Tuoli
Tapijt	Matto

Muziekinstrumenten
Soittimet

Banjo	Banjo
Cello	Sello
Fagot	Fagotti
Fluit	Huilu
Gitaar	Kitara
Gong	Gong
Harp	Harppu
Hobo	Oboe
Klarinet	Klarinetti
Mandoline	Mandoliini
Marimba	Marimba
Mondharmonica	Huuliharppu
Piano	Piano
Saxofoon	Saksofoni
Tamboerijn	Tamburiini
Trombone	Pasuuna
Trommel	Rumpu
Trompet	Trumpetti
Viool	Viulu

Mythologie
Mytologia

Archetype	Arketype
Bliksem	Salama
Creatie	Luominen
Cultuur	Kulttuuri
Donder	Ukkonen
Doolhof	Labyrintti
Held	Sankari
Heldin	Sankaritar
Hemel	Taivas
Jaloezie	Kateus
Kracht	Vahvuus
Krijger	Soturi
Legende	Legenda
Magisch	Maaginen
Monster	Hirviö
Overtuigingen	Uskomukset
Ramp	Katastrofi
Sterfelijk	Kuolevainen
Wezen	Olento
Wraak	Kosto

Natuur
Luonto

Arctisch	Arktinen
Bijen	Mehiläinen
Bos	Metsä
Dieren	Eläimet
Dynamisch	Dynaaminen
Erosie	Eroosio
Gebladerte	Lehtien
Gletsjer	Jäätikkö
Heiligdom	Pyhäkkö
Klippen	Kallio
Mist	Sumu
Rivier	Joki
Schoonheid	Kauneus
Schuilplaats	Suoja
Sereen	Rauhallinen
Tropisch	Trooppinen
Vitaal	Tärkeä
Wild	Villi
Woestijn	Aavikko
Wolken	Pilvi

Oceaan
Valtameri

Aal	Ankerias
Algen	Levät
Boot	Vene
Dolfijn	Delfiini
Garnaal	Katkaravut
Getijden	Tidevann
Haai	Hai
Koraal	Koralli
Krab	Rapu
Kwal	Manet
Octopus	Mustekala
Oester	Osteri
Rif	Riutta
Schildpad	Kilpikonna
Spons	Sieni
Storm	Myrsky
Tonijn	Tunfisk
Vis	Kala
Walvis	Valas
Zout	Suola

Piraten
Merirosvot

Anker	Ankkuri
Avontuur	Seikkailu
Bemanning	Miehistö
Eiland	Saari
Gevaar	Vaara
Goud	Kulta
Grot	Luola
Kaart	Kartta
Kapitein	Kapteeni
Kompas	Kompassi
Legende	Legenda
Litteken	Arpi
Oceaan	Valtameri
Papegaai	Papukaija
Rum	Rommi
Schat	Aarre
Slecht	Huono
Strand	Ranta
Vlag	Lippu
Zwaard	Miekka

Regenwoud
Sademetsää

Behoud	Säilyttäminen
Gemeenschap	Yhteisö
Insecten	Insekter
Jungle	Viidakko
Klimaat	Ilmasto
Mos	Sammal
Natuur	Luonto
Overleving	Selviytyminen
Respect	Respekt
Restauratie	Entisöinti
Soort	Lajit
Toevlucht	Suunta
Vogels	Lintu
Waardevol	Arvokas
Wolken	Pilvi
Zoogdieren	Nisäkkäät

Restaurant #1
Ravintola nro 1

Allergie	Allergia
Bord	Levy
Brood	Leipä
Eten	Syödä
Ingrediënten	Aine
Keuken	Keittiö
Kip	Kana
Koffie	Kahvi
Kom	Kulho
Menu	Valikko
Mes	Veitsi
Pittig	Mausteinen
Reservering	Varaus
Saus	Kastike
Serveerster	Tarjoilija
Servet	Lautasliina
Toetje	Jälkiruoka
Vlees	Liha
Voedsel	Ruoka

Restaurant #2
Ravintola nro 2

Cake	Kakku
Diner	Illallinen
Drank	Juoma
Eieren	Munat
Fruit	Hedelmä
Groente	Vihannes
Heerlijk	Herkullinen
Ijs	Jään
Lepel	Lusikka
Lunch	Lounas
Noedels	Nuudelit
Ober	Tarjoilija
Salade	Salaatti
Soep	Suppe
Specerijen	Mausteet
Stoel	Tuoli
Vis	Kala
Vork	Haarukka
Water	Vesi
Zout	Suola

Rijden
Ajo

Auto	Auto
Brandstof	Polttoaine
Garage	Autotalli
Gas	Kaasu
Gevaar	Vaara
Kaart	Kartta
Licentie	Lisenssi
Motor	Moottori
Motorfiets	Moottoripyörä
Ongeluk	Onnettomuus
Politie	Poliisi
Remmen	Jarrut
Snelheid	Nopeus
Straat	Katu
Tunnel	Tunneli
Veiligheid	Turvallisuus
Verkeer	Liikenne
Voetganger	Jalankulkija
Vrachtauto	Kuka
Weg	Tie

Schaken
Shakki

Diagonaal	Diagonaalinen
Kampioen	Mestari
Koning	Kuningas
Koningin	Kuningatar
Leren	Oppia
Offer	Uhrata
Passief	Passiivinen
Reglement	Säännöt
Spel	Peli
Speler	Pelaaja
Strategie	Strategia
Tegenstander	Vastustaja
Tijd	Aika
Toernooi	Turnaus
Uitdagingen	Haasteet
Wedstrijd	Kilpailu
Wit	Valkoinen
Zwart	Musta

School #1
Koulu nro 1

Alfabet	Aakkoset
Antwoorden	Vastauksia
Bibliotheek	Kirjasto
Boeken	Kirjat
Bureau	Työpöytä
Cijfers	Numero
Examens	Kokeet
Klaslokaal	Luokkahuone
Leraar	Opettaja
Leren	Oppia
Lunch	Lounas
Mappen	Kansio
Papier	Paperi
Pennen	Kynät
Plezier	Hauskaa
Potlood	Lyijykynä
Quiz	Tietokilpailu
Stoel	Tuoli
Vrienden	Ystävä
Wiskunde	Matematiikka

School #2
Koulu nro 2

Academisch	Akateeminen
Bibliotheek	Kirjasto
Boeken	Kirjat
Bus	Bussi
Computer	Tietokone
Gom	Pyyhekumi
Grammatica	Kielioppi
Kalender	Kalenteri
Leraar	Opettaja
Literatuur	Kirjallisuus
Onderwijs	Koulutus
Papier	Paperi
Pennen	Kynät
Potlood	Lyijykynä
Rugzak	Reppu
Schaar	Sakset
Schoenen	Kengät
Wetenschap	Tiede
Wiskunde	Matematiikka
Woordenboek	Sanakirja

Specerijen
Mausteita

Anijs	Anis
Bitter	Katkera
Gember	Inkivääri
Kaneel	Kaneli
Kardemom	Kardemumma
Kerrie	Curry
Knoflook	Valkosipuli
Komijn	Kumina
Koriander	Korianteri
Kruidnagel	Kynsi
Kurkuma	Kurkuma
Paprika	Paprika
Peper	Pippuri
Saffraan	Maustesahrami
Smaak	Maku
Ui	Sipuli
Vanille	Vanilja
Venkel	Fenkoli
Zoet	Makea
Zout	Suola

Speelgoed
Lelut

Ambachten	Veneet
Auto	Auto
Bal	Pallo
Boeken	Kirjat
Boot	Vene
Drums	Rummut
Favoriet	Suosikki
Fiets	Polkupyörä
Games	Pelit
Klei	Savi
Pop	Nukke
Puzzel	Palapeli
Robot	Robotti
Schaak	Shakki
Trein	Kouluttaa
Verbeelding	Mielikuvitus
Verf	Maalit
Vlieger	Leija
Vliegtuig	Lentokone
Vrachtauto	Kuka

Sport
Urheilu

Atleet	Urheilija
Basketbal	Koripallo
Beweging	Liike
Fiets	Polkupyörä
Golf	Golf
Gymnasium	Kuntosali
Gymnastiek	Voimistelu
Hockey	Jääkiekko
Honkbal	Baseball
Kampioenschap	Mestaruus
Scheidsrechter	Tuomari
Spel	Peli
Speler	Pelaaja
Stadion	Stadion
Team	Tiimi
Tennis	Tennis
Trainer	Valmentaja
Winnaar	Voittaja

Stad
Kaupunki

Apotheek	Apteekki
Bakkerij	Leipomo
Bank	Pankki
Bibliotheek	Kirjasto
Bioscoop	Elokuva
Boekhandel	Kirjakauppa
Dierentuin	Eläintarha
Galerij	Galleria
Hotel	Hotelli
Kliniek	Klinikka
Luchthaven	Lufthavn
Markt	Markkina
Museum	Museo
Restaurant	Ravintola
School	Koulu
Stadion	Stadion
Supermarkt	Supermarket
Theater	Teatteri
Universiteit	Yliopisto
Winkel	Kauppa

Strand
Rannalle

Blauw	Sininen
Boot	Vene
Dok	Telakka
Eiland	Saari
Handdoek	Pyyhe
Krab	Rapu
Kust	Rannikko
Lagune	Laguuni
Oceaan	Valtameri
Paraplu	Sateenvarjo
Rif	Riutta
Sandalen	Sandaalit
Vakantie	Loma
Zand	Hiekka
Zee	Meri
Zeilboot	Purjevene
Zon	Aurinko

Surfen
Surffausta

Atleet	Urheilija
Beginner	Aloittelija
Extreem	Äärimmäinen
Golf	Aalto
Kampioen	Mestari
Kracht	Vahvuus
Maag	Vatsa
Menigte	Joukkoja
Oceaan	Valtameri
Plezier	Hauskaa
Populair	Suosittu
Rif	Riutta
Schuim	Vaahto
Snelheid	Nopeus
Stijl	Tyyli
Strand	Ranta
Weer	Sää

Technologie
Teknologia

Bericht	Viesti
Bestand	Tiedosto
Blog	Blogi
Browser	Selain
Bytes	Tavua
Camera	Kamera
Computer	Tietokone
Cursor	Kursori
Digitaal	Digitaalinen
Gegevens	Tiedot
Internet	Internet
Lettertype	Fontti
Onderzoek	Tutkimus
Scherm	Näyttö
Software	Ohjelmisto
Statistiek	Tilastot
Veiligheid	Turvallisuus
Virtueel	Virtuaalinen
Virus	Virus

Tijd
Aika

Dag	Päivä
Decennium	Vuosikymmen
Eeuw	Vuosisata
Gisteren	Eilen
Jaar	Vuosi
Kalender	Kalenteri
Klok	Kello
Maand	Kuukausi
Middag	Keskipäivä
Minuut	Minuutti
Morgen	Huomenna
Na	Jälkeen
Nacht	Yö
Nu	Nyt
Ochtend	Aamu
Toekomst	Tulevaisuus
Uur	Tunnin
Vandaag	Tänään
Vroeg	Aikainen
Week	Viikko

Tuin
Puutarha

Bank	Penkki
Bloem	Kukka
Bodem	Maaperä
Boom	Puu
Boomgaard	Hedelmätarha
Garage	Autotalli
Gazon	Nurmikko
Gras	Ruoho
Hangmat	Riippumatto
Hark	Rake
Hek	Aita
Onkruid	Ugress
Schop	Lapio
Slang	Letku
Struik	Puska
Terras	Terassi
Trampoline	Trampoliini
Tuin	Puutarha
Veranda	Kuisti
Vijver	Lampi

Vakantie #1
Loma #1

Auto	Auto
Douane	Tulli
Expeditie	Retkikunta
Kaartje	Lippu
Koffer	Matkalaukku
Meer	Järvi
Museum	Museo
Ontspanning	Rentoutuminen
Paraplu	Sateenvarjo
Reisplan	Matka
Rugzak	Reppu
Toerist	Turisti
Tram	Raitiovaunu
Valuta	Valuutta
Vertrek	Lähtö
Vliegtuig	Lentokone

Vakantie #2
Loma #2

Bestemming	Kohde
Buitenlander	Ulkomaalainen
Buitenlands	Ulkomainen
Eiland	Saari
Hotel	Hotelli
Kaart	Kartta
Kamperen	Camping
Luchthaven	Lufthavn
Paspoort	Passi
Reis	Matka
Reserveringen	Varaukset
Restaurant	Ravintola
Strand	Ranta
Taxi	Taksi
Tent	Teltta
Vakantie	Loma
Vervoer	Kuljetus
Visum	Viisumi
Vrije Tijd	Vapaa
Zee	Meri

Verjaardag
Syntymäpäivä

Blij	Iloinen
Cake	Kakku
Dag	Päivä
Geboren	Syntynyt
Gelukkig	Onnellinen
Geschenk	Lahja
Jaar	Vuosi
Jong	Nuori
Kaarsen	Kynttilä
Kaarten	Kortit
Kalender	Kalenteri
Lied	Laulu
Ouder	Vanhempi
Plezier	Hauskaa
Speciaal	Spesiell
Tijd	Aika
Uitnodigingen	Kutsut
Viering	Juhla
Vrienden	Ystävä
Wijsheid	Viisaus

Vissen
Kalastus

Aas	Syötti
Apparatuur	Laitteet
Boot	Vene
Geduld	Tålmodighet
Gewicht	Paino
Haak	Koukku
Kaak	Leuka
Kieuwen	Gjellene
Kok	Kokki
Mand	Kori
Meer	Järvi
Oceaan	Valtameri
Overdrijving	Overdrivelse
Rivier	Joki
Seizoen	Kausi
Strand	Ranta
Vinnen	Evät
Water	Vesi

Vliegtuigen
Lentokone

Afdaling	Laskeutuminen
Atmosfeer	Ilmainen
Avontuur	Seikkailu
Ballon	Ilmapallo
Bemanning	Miehistö
Bouw	Rakentaminen
Brandstof	Polttoaine
Geschiedenis	Historia
Hemel	Taivas
Hoogte	Korkeus
Landen	Lasku
Lucht	Ilma
Motor	Moottori
Navigeren	Navigoida
Ontwerp	Utforming
Passagier	Matkustaja
Piloot	Pilotti
Richting	Suunta
Turbulentie	Turbulenssi
Waterstof	Vety

Voeding
Ravitsemus

Bitter	Katkera
Calorieën	Kalori
Dieet	Ruokavalio
Eetbaar	Syötävä
Eetlust	Ruokahalu
Eiwitten	Proteiini
Evenwichtig	Tasapainoinen
Fermentatie	Käyminen
Gewicht	Paino
Gezond	Terve
Gezondheid	Terveys
Koolhydraten	Karbohydrater
Kwaliteit	Laatu
Saus	Kastike
Smaak	Maku
Spijsvertering	Ruoansulatus
Toxine	Myrkky
Vitamine	Vitamiini
Vloeistoffen	Nesteet
Voedingsstof	Næringsstoff

Voertuigen
Ajoneuvot

Ambulance	Ambulanssi
Auto	Auto
Banden	Renkaat
Bestelwagen	Varebil
Boot	Vene
Bus	Bussi
Fiets	Polkupyörä
Helikopter	Helikopteri
Metro	Metro
Motor	Moottori
Onderzeeër	Sukellusvene
Raket	Raketti
Scooter	Scooter
Shuttle	Sukkula
Taxi	Taksi
Tractor	Traktori
Trein	Kouluttaa
Veerboot	Lautta
Vliegtuig	Lentokone
Vrachtauto	Kuka

Vogels
Linnut

Duif	Kyyhkynen
Eend	Ankka
Ei	Muna
Flamingo	Flamingo
Gans	Hanhi
Havik	Haukka
Kip	Kana
Koekoek	Käki
Kraai	Varis
Meeuw	Lokki
Mus	Varpunen
Ooievaar	Haikara
Papegaai	Papukaija
Pauw	Riikinkukko
Pelikaan	Pelikaani
Pinguïn	Pingviini
Struisvogel	Strutsi
Toekan	Toukaanin
Uil	Pöllö
Zwaan	Joutsen

Vormen
Muodot

Boog	Kaari
Cilinder	Sylinteri
Cirkel	Ympyrä
Curve	Käyrä
Driehoek	Kolmio
Hoek	Kulma
Hyperbool	Hyperbeli
Kant	Side
Kegel	Kartio
Kubus	Kuutio
Lijn	Linja
Ovaal	Soikea
Piramide	Pyramidi
Prisma	Prisma
Randen	Reunat
Rechthoek	Suorakulmio
Veelhoek	Monikulmio
Vierkant	Neliö

Wandelen
Patikointi

Berg	Vuori
Dieren	Eläimet
Gevaren	Vaarat
Kaart	Kartta
Kamperen	Camping
Klif	Kallio
Klimaat	Ilmasto
Laarzen	Saappaat
Moe	Väsynyt
Natuur	Luonto
Oriëntatie	Suunta
Parken	Puistot
Stenen	Kivi
Top	Kokous
Water	Vesi
Weer	Sää
Wild	Villi
Zon	Aurinko
Zwaar	Raskas

Water
Vesi

Douche	Suihku
Geiser	Geysir
Golven	Aalto
Ijs	Jään
Irrigatie	Kastelu
Kanaal	Kanava
Meer	Järvi
Moesson	Monsuuni
Oceaan	Valtameri
Orkaan	Hurrikaani
Overstroming	Tulva
Regen	Sade
Rivier	Joki
Sneeuw	Lumi
Stoom	Höyry
Verdamping	Haihtuminen
Vochtig	Kostea
Vochtigheid	Kosteus
Vorst	Pakkanen

Weersomstandigheden
Sää

Atmosfeer	Ilmainen
Bliksem	Salama
Donder	Ukkonen
Droogte	Kuivuus
Hemel	Taivas
Ijs	Jään
Klimaat	Ilmasto
Mist	Sumu
Moesson	Monsuuni
Orkaan	Hurrikaani
Overstroming	Tulva
Polair	Polar
Regenboog	Sateenkaari
Storm	Myrsky
Temperatuur	Lämpötila
Tornado	Tornado
Tropisch	Trooppinen
Vochtig	Kostea
Wind	Tuuli
Wolk	Pilvi

Wetenschap
Tiede

Atoom	Atomi
Chemisch	Kemiallinen
Deeltjes	Hiukset
Evolutie	Evoluutio
Experiment	Koe
Feit	Tosiasia
Fossiel	Fossiili
Gegevens	Tiedot
Hypothese	Hypoteesi
Klimaat	Ilmasto
Laboratorium	Laboratorio
Methode	Menetelmä
Mineralen	Mineraali
Moleculen	Molekyyli
Natuur	Luonto
Natuurkunde	Fysiikka
Observatie	Havainto
Organisme	Organismi
Wetenschapper	Tiedemies
Zwaartekracht	Painovoima

Wetenschappelijke Discip
Tieteelliset Alat

Anatomie	Anatomia
Archeologie	Arkeologia
Astronomie	Tähtitiede
Biochemie	Biokemia
Biologie	Biologia
Chemie	Kemia
Ecologie	Ekologia
Fysiologie	Fysiologia
Geologie	Geologia
Immunologie	Immunologia
Mechanica	Mekaniikka
Meteorologie	Meteorologia
Mineralogie	Mineralogia
Neurologie	Neurologia
Plantkunde	Kasvitiede
Psychologie	Psykologia
Robotica	Robotiikka
Sociologie	Sosiologia
Voeding	Ravitsemus
Zoölogie	Eläintiede

Wiskunde
Matematiikka

Decimaal	Desimaali
Diameter	Halkaisija
Divisie	Jako
Driehoek	Kolmio
Exponent	Eksponentti
Fractie	Jae
Geometrie	Geometria
Hoeken	Kulmat
Omtrek	Kehä
Parallel	Rinnakkainen
Parallellogram	Suunnikas
Rechthoek	Suorakulmio
Rekenkundig	Aritmeettinen
Som	Summa
Straal	Säde
Symmetrie	Symmetria
Veelhoek	Monikulmio
Vergelijking	Yhtälö
Vierkant	Neliö
Volume	Tilavuus

Zomer
Kesä

Boeken	Kirjat
Duiken	Sukellus
Familie	Perhe
Games	Pelit
Huis	Koti
Kamperen	Camping
Muziek	Musiikki
Ontspanning	Rentoutuminen
Reis	Matkustaa
Sandalen	Sandaalit
Sterren	Tähti
Strand	Ranta
Tuin	Puutarha
Vakantie	Loma
Voedsel	Ruoka
Vreugde	Ilo
Vrienden	Ystävä
Vrije Tijd	Vapaa
Zee	Meri

Zoogdieren
Merinisäkkäiden

Aap	Apina
Coyote	Kojootti
Dolfijn	Delfiini
Ezel	Aasi
Geit	Vuohi
Giraf	Kirahvi
Gorilla	Gorilla
Hond	Koira
Kameel	Kameli
Kangoeroe	Kenguru
Kat	Kissa
Konijn	Kani
Leeuw	Leijona
Olifant	Norsu
Paard	Hevonen
Panter	Pantteri
Stier	Härkä
Vos	Kettu
Walvis	Valas
Wolf	Susi

Gefeliciteerd

Je hebt het gehaald!

We hopen dat u net zoveel plezier beleeft aan dit boek als wij aan het maken ervan. We doen ons best om spellen van hoge kwaliteit te maken.
Deze puzzels zijn op een slimme manier ontworpen zodat je actief kunt leren terwijl je plezier hebt!

Vond je ze mooi?

Een Eenvoudig Verzoek

Onze boeken bestaan dankzij de recensies die zij publiceren. Kunt u ons helpen door nu een mening achter te laten ?

Hier is een korte link die u naar uw bestellingen beoordelingspagina.

BestBooksActivity.com/Recensie50

FINAAL UITDAGING!

Uitdaging nr. 1

Klaar voor uw bonusspel? We gebruiken ze de hele tijd, maar ze zijn niet zo gemakkelijk te vinden. Hier zijn **Synoniemen!**

Noteer 5 woorden die je ontdekt hebt in elk van de onderstaande puzzels (nr. 21, nr. 36, nr. 76) en probeer voor elk woord 2 synoniemen te vinden.

Notitie 5 Woorden uit *Puzzle 21*

Woorden	Synoniem 1	Synoniem 2

Notitie 5 Woorden uit *Puzzle 36*

Woorden	Synoniem 1	Synoniem 2

Notitie 5 Woorden uit *Puzzle 76*

Woorden	Synoniem 1	Synoniem 2

Uitdaging nr. 2

Nu je opgewarmd bent, noteer 5 woorden die je ontdekt hebt in elke hieron-
der genoteerde puzzel (nr. 9, nr. 17, nr. 25) en probeer voor elk woord 2
antoniemen te vinden. Hoeveel regels kan je doen in 20 minuten?

Notitie 5 Woorden uit **Puzzle 9**

Woorden	Antoniem 1	Antoniem 2

Notitie 5 Woorden uit **Puzzle 17**

Woorden	Antoniem 1	Antoniem 2

Notitie 5 Woorden uit **Puzzle 25**

Woorden	Antoniem 1	Antoniem 2

Uitdaging nr. 3

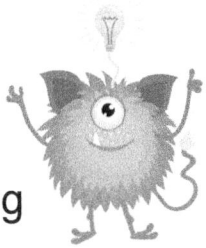

Prachtig, deze finaal uitdaging is makkelijk voor jou!

Klaar voor de laatste? Kies je 10 favoriete woorden die je in een van de puzzels hebt ontdekt en noteer ze hieronder.

1.	6.
2.	7.
3.	8.
4.	9.
5.	10.

De uitdaging is nu om met deze woorden en binnen een maximum van zes zinnen een tekst te schrijven over een persoon, dier of plaats waar je van houdt!

Tip: U kunt de laatste blanco pagina van dit boek als kladblaadje gebruiken!

Je schrijven:

NOTITIEBOEKJE:

TOT SNEL!

Linguas Classics

GENIET VAN GRATIS SPELLEN

GO

↓

BESTACTIVITYBOOKS.COM/FREEGAMES

www.ingramcontent.com/pod-product-compliance
Lightning Source LLC
Chambersburg PA
CBHW082056120626
46553CB00011B/3429